이 렇 게

살 아 도

되 는 걸 까

이렇게 살아도 되는 걸까

초판 1쇄 인쇄   2016년 3월 30일
초판 1쇄 발행   2016년 4월 05일
    2쇄 발행   2016년 4월 20일

지은이_   유창선
발행인_   전익균, 황선경

기 획 _   조양제
마케팅_   정우진, 조동호, 권태형, 김지혜
교 정_   허 강
디자인_   김 정
행 사_   새빛에듀넷
자 문_   고명석, 심대현
제작진행_   (주)체인지컬러

펴낸곳_   도서출판 새빛
전 화_   02)2203-1996   팩스_ 02)417-2622
출판문의 및 원고투고 이메일_svedu@daum.net
홈페이지_   www.bookclass.co.kr
등록번호_   제215-92-61832호   등록일자_ 2010. 7. 12

값16,000원
ISBN 978-89-92454-23-0(03130)

※ 도서출판 새빛은 새빛에듀넷, 새빛북스, 에이원북스, 북클래스, 새빛인베스트먼트
   등의 브랜드를 운영하고 있습니다.
※ 파본은 구입처에서 교환해 드리며, 관련 법령에 따라 환불해 드립니다
   다만, 제품 훼손 시에는 환불이 불가능합니다.

새빛은 출판, 언론홍보, 행사 등을 하나의 시스템으로 구축하여 저자분들의 여러 마케팅
효과를 극대화하기 위한 프로그램을 진행 중입니다. 새빛은 저자분들을 각 분야의 주인공
으로 만들기 위해 최선을 다하고 있습니다.

이 도서의 국립중앙도서관 출판시도서목록(CIP)은 서지정보유통지원시스템 홈페이지
(http://seoji.nl.go.kr)와 국가자료공동목록시스템(http://www.nl.go.kr/kolisnet)에서
이용하실 수 있습니다. (CIP제어번호:CIP2016006860)

나를 찾아 떠나는
유창선의 인문학 동행

이렇게
살아도
되는걸까

유창선 지음

도서출판 새빛
AEVIT

20년 가까운 세월동안 정치평론을 했다. 수많은 방송을 통해, 그리고 많은 글들을 통해 정치를 말해왔다. 그랬던 내가 이제 '삶'을 말하는 책을 출간한다. 그 사이에 무슨 일이라도 있었던 것인가. 달라진 것은 없다. 세상은 그대로이다. 20년 전에도 세상은 힘들었고 지금도 그러하다. 아니, 돌아보면 인간의 역사는 언제나 그러했다. 좌절의 시간은 길었고 희망의 시간은 짧았다. 우리는 언제나 어려웠다.

숨기지 않고 말을 해도 된다면, 우리의 앞날에 대한 나의 전망은 비관적이다. 생존과 욕망에 눈멀지 않아도 되는 착한 세상에 대한 열망에도 불구하고, 우리의 힘든 삶이 크게 달라지는 일은 쉽지 않을 것이다. 기대했던 정치는 우리를 구원해줄 수 없었다. 정치의 세계 자체가 욕망의 덩어리였기에, 권력을 차지하기 위한 파벌 간의 쟁투는 우리의 기대를 번번이 배신하곤 했다. 그래도 우리가 정치를 포기할 수는 없지만, 그렇다고 거기에 목을 매고 운명을 위탁한다면 우리는 너무 비루해진다. 변할 수 없는 진실은, 우리의 삶은 우리가 책임져야 한다는 사실이다. 메시아는 없다.

하지만 인문학을 공부하면서 나를 가장 힘들게 했던 것은 우리 인간이 과연 자유를 누릴 자격이 있는가에 대한 물음이었다. 도스토예프스키가 대심문관의 입을 통해 말했듯이, 인간은 자유보다는 빵을 원했다. 그 빵은 때로는 욕망이었고, 때로는 우상이었다. 저마다의 욕망과 우상을 지키려는 인간들은 서로 할퀴며 상처를 주었다. 우리는 왜 서로를 보면서 절망하게 되는가. 인간들은 어째서 서로에게 위로를 주지 못하고 상처를 주는 존재여야 하는가.

그래서 이제는 사람을 말하고 싶었다. 하지만 이 책은 어떤 희망의 메시지를 일부러 만들어내려 하지 않았다. 열심히 하면 모든 일이 잘 될 거라는 힐링의 언어로 덮기에는 현실의 벽이 너무도 높다. 그래서 나는 억지로 만들어낸 희망을 말하는 대신, 인간의 삶은 본래부터 힘들었으며 앞으로도 힘들 것이라고 정직하게 말하려 한다.

하지만 어차피 힘드니까 그냥 체념하고 고개 떨구고 살자는 염세주의는 아니다. 나는 어려울수록 나를 지키며 인간답게 살 수 있도록, 내 삶의 낭떠러지에서 손을 놓지 말자는 얘기를 하고 싶었다. 그래서 비록 세상은 험하고 우울하지만, 지치지 말고 서로 사랑하고 손잡으며 살아가자는 얘기를 이 책에 담고 싶었다. 우리가 서로를 바라보며 위로를 얻는 존재가 될 수 있다면, 그것만으로도 우리는 살아가는 의미를 찾을 수 있으리라.

우리는 흔히 습관으로서의 삶을 살아간다. 습관처럼 일하고, 습관처럼 기뻐하고, 습관처럼 분노하고, 다시 습관처럼 좌절하고… 그 삶은 매우 익숙하고 편하지만, 우리의 삶을 동굴 속에 가두어 버린다. 그 동굴 속에서 포박을 끊고 걸어 나와 햇빛을 보기까지는 불안과 고통이 따르지만, 그래도 태양 아래에서 숲도 보고 새가 우는 소리를 들으며 사는 것이 인간다운 삶을 누리는 길임을 나는 쓰고 있다.

책을 쓰는 과정 내내 조심스러웠던 것은, 삶에 대해 과연 누가 누구에게 말할 자격이 있는가라는 생각이었다. 섣부른 계몽을 하려들 것이 아니라 이 시대를 함께 사는 사람으로서 서로에게 위로가 되는 얘기를 더 많이 했어야 했다는 생각을 하게 된다. 그렇지 못한 부족함이 독자들의 눈에 거슬린다면 전적으로 저자의 미성숙함 때문일 것이다.

우리가 이렇게 책을 읽으며 생각한다는 것이 세상으로부터 도피하여 개인의 밀실로 들어감을 의미하지는 않을 것이다. 우리는 자기를 돌아보는 과정을 거쳐 더 넓고 깊어진 존재로 성숙하여 세상에서 다시 만나야 한다. 그때 이제까지 놓치고 살았던 더 많은 것들을 보기도 하고 껴안기도 하며 살아갈 수 있으리라.

공부도 부족하고 생각도 짧은 사람이 겁 없이 이렇게 책을 내니 두려운 마음이 앞선다. 모자란 것들은 평생 채워나가도록 하겠다. 이 책을 통한 여러분과 나의 만남이 서로에 대한 의미 있는 자극이 되었으면 하는 마음이다.

원고를 보고 흔쾌히 출판을 결심해준 도서출판 새빛, 집필에 앞서

〈유창선의 인문학동행〉 방송 강의를 할 수 있도록 도와준 아프리카 TV에 감사드린다. 새로운 공부와 집필에 전념할 수 있도록 나를 변함없이 지지해준 가족들에게도 고마운 마음을 전한다. 그리고 상처 속에서도 영혼을 지키는 삶을 위해 애쓰는 세상의 모든 분들께 이 책을 바친다.

2016년, 그래도 봄을 기다리며

유창선

프롤로그

나는 내 생각의 주인인가

지금 내가 살고 있는 것은 당연한 일이 아니다. 상상하기도 어려운 길고 긴 역사를 거친 끝에 오늘의 나는 살아 숨 쉬고 있다. 137억 년 전 우주가 시작된 이후 별이 생겨났고 태양계가 만들어졌다. 거기서 46억 년 전에 지구가 생겨났다. 지구에서는 독립된 생명체인 세포가 생겨나면서 35억 년에 달하는 생명의 역사가 시작된다. 생명은 진화의 과정을 거쳤고 세포의 운동성에 따라 우리 내면의 의식과 생각이 출현하게 되었다. 그래서 지금 생각하고 있는 내가 존재하는 것이다.

이 장구한 역사를 돌아보면 오늘 내가 인간으로 태어나서 살고 있는 것이 얼마나 기적과도 같은 행운인지를 생각하게 된다. 그 오랜 세월에 걸친 우주의 운동, 물질들의 화학적 · 물리적 반응, 생명의 진화를 거치면서 비로소 이렇게 지구상에서 가장 높은 사고 능력을 가진 내가 존재할 수 있게 된 것이다. 그렇게 보면 나의 존재는 137억 년에 걸친 장구한 우주의 역사가 공들여서 만들어낸 작품인 셈이다.

인간이 생각한다는 것

그런데 이렇게 어렵게 탄생한 나는 애석하게도 영원히 살지 못한다. 영원불멸의 꿈은 우주에 대한 인간중심적 사고의 산물일 뿐이다. 코페르니쿠스적 관점에서 보자면 지구 위의 인간만이 특출난 존재라고 생각하는 것은 과학적이지 못한 태도이다. 지구가 우주의 중심이고 인간은 그 위에 사는 존엄한 존재이며, 달 위의 천상계는 영원한 신의 영역이라고 생각했던 중세의 우주관을 코페르니쿠스는 이미 폐기시켰다.

생물학적으로 볼 때 인간은 번식의 임무를 수행하고 수명을 다하면 죽는 존재이다. 인간으로서의 탄생 기회는 나만 누릴 수는 없는 것이요, 번식을 했으면 언젠가는 죽어야 인간 생명의 순환이 가능하다. 그래서 다른 동물들과 마찬가지로 인간에게도 수명이라는 숙명은 떼어놓을 수 없다. 끝 모르는 우주의 어느 푸른 별에서 태어난 나는, 우주의 역사로 보면 찰나조차 되지 못하는 삶을 살다가 가는 것이다. 내가 살고 있는 이곳 지구조차도 아득한 미래에는 태양과 함께 수명이 다할 것이다. 그리고 폭발하게 될 것이다. 그래서 우리의 모든 역사는 시한부이다.

하지만 그것이 비극적 서사만은 아니다. 오늘의 내가 존재하게 된 이 역사성을 생각한다면 나의 일회적 삶이 갖는 소중함은 이루 말할 수가 없다. 산 넘고 바다 건너는 일보다 수백 수천억 배의 힘든 과정을 거쳐 내가 존재하게 된 것이고, 그만큼 경이로운 인간만의 것들을 부여받았다. 우리 인간에게는 다른 어떤 생명체도 갖지 못한 많은 특권과 능력이 있다. 그 가운데서 으뜸은 생각하는 능력이다.

10

인간에게 생각한다는 것은 무엇인가. 인간은 생각하는 능력을 가짐으로써 다른 동물들과 구분된다. 생각은 단순히 반응하는 능력을 말하지 않는다. 개나 고양이도 화를 낼 줄 알고 반가워할 줄 안다. 그러나 개나 고양이는 자신의 삶 전체를 생각하지 못한다. 태어남과 죽음을 자신의 삶 전체 속에서 이해하고 삶을 돌아볼 수 있는 능력을 가진 생물은 지구 상에서 인간 밖에 없다. 우리는 생각함으로써 인간으로 존재할 수 있다.

그래서 데카르트René Descartes, 1596-1650는 "나는 있다. 현존한다. 이것은 확실하다. 그러나 얼마 동안인가?"라고 묻는다. 그리고는 이렇게 대답한다. "물론 내가 생각하고 있는 동안만이다. 왜냐하면 내가 생각하기를 만약 아주 그친다면, 그 순간 나는 존재하기를 그칠 것이기 때문이다." 데카르트에 따르면 내 생각은 이렇게 내 존재와 결부되어 있는 것이다. 그래서 데카르트는 "나는 생각한다. 그러므로 나는 존재한다"코기토 에르고 숨: Cogito, ergo sum는 명제를 『방법서설』에서 철학의 제1원리로 제시했던 것이다.*

---

* 하지만 우리가 데카르트의 코기토를 무조건적으로 받아들일 일은 아니다. 코기토는 신 (神) 중심의 중세적 세계관을 넘어 인간 중심의 근대적 세계관의 지평을 열었다는 의미를 갖는다. 그러나 19세기 이후 데카르트의 물질−정신 이원론을 넘어 베르그송의 생명철학이나 프로이트의 정신분석학에 의해 인간의 잠재적 의식에 대한 규명이 이루어지면서 탈(脫)코기토의 흐름이 만들어진다. 데카르트의 코기토가 갖는 문제는 레비나스의 지적처럼 "나 자신의 고유한 코기토에 대해서만 의미를 갖는다"는 것이었다. '나' 혼자만을 발견하는 코기토는 폐쇄적이고 불완전한 자아일 수밖에 없다. 나 이외의 타자들과 관계하며 살고 있고, 그들과 소통하는 내가 거기에 담겨져 있지 못하다. 나는 다른 사람들과의 관계 속에서 살아가고 있으며, 그래서 나의 생각은 '나' 혼자만의 울타리를 넘어설 수 있어야 한다. 우리에게 필요한 것은 "우리는 생각한다. 그래서 우리는 존재한다"는 '집단적 코기토'가 아닐까.

그런데 나는 과연 얼마나 생각하며 살고 있을까. 내가 생각을 하지 않고 살다니, 무슨 소리냐고 반문하는 이들도 많을지 모르겠다. 사느라고 얼마나 내 머릿속이 복잡한데 말이다. 물론 우리는 누구나, 그리고 언제나 생각을 하며 산다. 오늘 해야 할 일들을 생각하고, 어제 가족과 다투었던 불쾌한 일에 대해서도 생각한다. 직장 일이 잘 안 풀리는데 대한 걱정도 계속된다. 생각을 다 내려놓고 멍하니 있거나 무념의 휴식을 취하는 시간을 빼놓는다면 크고 작은 생각들이 하루 종일 이어진다.

하지만 그 많은 생각 가운데서 정작 나 자신을 향한 생각은 얼마나 될까. 나의 내면으로 들어가 자신에게 말을 걸고 스스로를 들여다볼 기회를 우리는 얼마나 가지며 살아가고 있는 것일까. 생존하는데 필요한 생각은 많이 하지만, 정작 나를 배려하는 생각은 부족한 것이 오늘 우리들의 삶이 아니던가. 나에게는 산다는 것이 그냥 습관이 되어버린 것은 아닐까. 스스로 의미를 찾는 삶이 되지 못한 채 말이다.

더구나 우리는 많은 생각들을 외부에 의존하는데 길들여지고 있다. 내가 사는 의미가 나로부터 만들어지는 것이 아니라, 외부의 세속적 가치에 의해 이입된다. 많은 부와 높은 지위를 선망하거나 매달려있는 나의 생각은, 사실은 나의 것이 아니라 세상이 만들어 나에게 입힌 기성복 같은 것이었다. 그래서 내 몸에 안 맞아도 억지로 입어야 한다. 사회가 요구한 성공의 기준에 나를 맞추기 위해 무던히도 애를 쓰며 살아야 한다. 옷을 나에게 맞추는 것이 아니라, 내가 옷에 맞추고 있는 것이 우리들의 삶이 되고 있다. 그렇다면 사실 지금 이것이 진짜 나의 삶이라 하기는 어렵다.

우리는 세상일에 대해 판단하는 것도 아무렇지 않게 다른 사람들의 생각에 의존한다. 정치적 사건이 생기면, 자신이 시청하는 방송에서 얘기하는 그대로 주입받아 암송이라도 하듯이 주변에 말한다. 그 얘기가 정말 사실인지, 판단의 근거는 정확한 것인지, 나는 생각해 보지 않았다. 의심도 하지 않는다. 방송에 나온 사람이 사회적으로 알려진 사람이기 때문이다. 더구나 방송에서 나온 얘기가 아니던가. 또한 이념적 진영 논리 속에서 내 편에 있는 사람들로부터 모범답안이 나오곤 한다. 정치적 문제들에 대한 판단을 굳이 내 머리로 어렵게 할 필요가 없다. 그냥 같이 따라가는 것이 익숙하고 편하다. 다들 그렇게 말하면 그게 맞겠지 하고 말이다.

프랑스 역사학자 폴 벤느Paul veyne, 1930-는 『그리스인들은 신화를 믿었는가?』에서 "진실들 사이의 관계는 힘의 관계"[1]라고 말했다. 사람은 상대가 존경스러운 인물인 경우에 그가 하는 말을 의심하지 않는다는 것이다. 실제로 우리는 흔히 사회적 명망을 가진 사람들의 말이라면 쉽게 믿는 경향이 있다. 그들이 갖고 있는 사회적 권위 때문이다. 그러나 사회적 지위나 신망조차도 진실을 무조건 보증하는 것일 수 없다.

우리는 다른 누구의 어떠한 견해에 대해서도 의심하고 회의할 수 있어야 한다. 누구의 얘기가 진실인가는 사회적 권력관계에 의해서 가려질 문제가 아니다. 힘 있는 사람의 말이 진실이고, 힘 없는 나의 얘기는 그렇지 못하다고 생각할 일이 아니다. 깨어있는 사람은 우상을 만들지 않는다.

단테Dante Alighieri, 1265-1321의 『신곡』 지옥편에는 지옥에서 고통 받고 있는 교황들과 추기경들의 모습이 등장한다. 지옥에서의 놀라운 광

경 앞에서 단테는 베르길리우스*에게 묻는다. "나의 선생님! 이들이
다 뭡니까? 이들은 누구입니까? 왼쪽의 셀 수도 없이 많은 대머리들
은 성직자입니까?" 베르길리우스는 이렇게 대답한다. "이들은 모두
첫 번째 삶에서 마음을 비뚤게 써서 절제를 모르고 부를 유용한 자
들이다… 머리카락이 없는 이 자들은 교황들과 추기경들이었지. 이
들은 지나치게 탐욕을 부렸어."[2]

신도들에게 천국을 말했을 교황들과 추기경들이 탐욕의 댓가로 지
옥에서 고통을 받고 있다니. 이 기막힌 광경은 부패와 비리가 판쳤
던 중세 교회의 실상을 그대로 담은 대목이다. 작품 앞부분에 버젓
이 그런 장면을 등장시킨 단테에게서 어떤 종교적 우상을 인정하지
않는 정신을 읽을 수 있다.

생각하지 않는 삶을 산다는 것은 큰 불행이다. 인간으로서 갖고
태어난 그 엄청난 능력을 제대로 써보지도 못한 채 죽어간다는 것을
의미하기 때문이다. 인간은 오랜 진화의 과정을 거치며 생각의 능력
을 갖게 되었건만, 정작 내가 그 능력을 제대로 사용하지 않은 채 묻
혀두고 있다면 그 얼마나 허망한 일인가.

---

* 기원전 로마의 대서사시 『아이네이스』를 지은 시인이다. 여기서 등장한 것은 베르길리우
스의 영혼이다. 『신곡』에서 단테는 베르길리우스를 만나 그의 인도로 지옥, 연옥, 천국을 차
례로 여행한다.

인간에게는 자신에 대한 책임이 따른다

'미성년 상태'로부터 벗어나라고 칸트Immanuel Kant, 1724-1804가 말했다. 칸트는 「계몽이란 무엇인가에 대한 답변」에서 계몽에 대한 자신의 생각을 밝히고 있다.

> 계몽이란 우리가 마땅히 스스로 책임져야 할 미성년 상태로부터 벗어나는 것이다. 미성년 상태란 다른 사람의 지도 없이는 자신의 지성을 사용할 수 없는 상태이다. 이 미성년 상태의 책임을 마땅히 스스로 져야 하는 것은, 이 미성년의 원인이 지성의 결핍에 있는 것이 아니라 다른 사람의 지도 없이도 지성을 사용할 수 있는 결단과 용기의 결핍에 있을 경우이다. 그러므로 "과감히 알려고 하라!"Sapere aude!, "너 자신의 지성을 사용할 용기를 가져라!"하는 것이 계몽의 표어이다.[3]

대부분의 사람들이 다른 사람의 지도에서 해방된 뒤에도 미성년 상태에 머무르고, 다른 사람들이 손쉽게 후견인으로 들어앉는 이유는 게으름과 비겁함 때문이라고 칸트는 지적한다. 사실 미성년으로 머무르는 것은 무척 편안하다. 만약 나에게 나를 대신해서 지성을 갖고 있는 책이 있고, 나를 대신해서 양심을 갖고 있는 목사가 있고, 나를 대신해서 음식을 준비하는 요리사가 있다면, 나는 조금도 수고할 필요가 없을 것이다. 내가 그런 일에 보수를 지불할 능력만 있다면 나는 생각할 필요조차 없다. 다른 사람들이 나를 대신해서 골치 아픈 일거리를 다 떠맡을 것이기 때문이다.

그래서 "거의 천성이 되다시피 한 미성년 상태에서 벗어나는 것은 매우 어려운 일"이라고 칸트는 말한다. 그렇듯 어렵지만, 다른 사람의 지도 없이도 나 스스로 지성을 사용하는 것이 성년이 된 인간의 모습이다. 그래서 칸트는 말한다. 사페레 아우데, 너 자신의 지성을 사용할 용기를 가지라고.

하지만 인간들은 그렇게 용기있는 존재가 되지 못했다. 플라톤 Platon, BC 427-347경의 대화편 『소크라테스의 변명』을 보면 아테네 사람들이 자기 영혼을 돌보는 삶을 살지 않는데 대한 소크라테스 Socrates, BC 470-BC 399의 탄식이 나온다. "당신은 지혜와 힘에 있어서 가장 위대하고 가장 명성이 높은 국가인 아테네 사람이면서, 돈이 당신에게 최대한 많아지게 하는 일은, 그리고 명성과 명예는 돌보면서도, 현명함과 진실은, 그리고 영혼이 최대한 훌륭해지게 하는 일은 돌보지도 신경 쓰지도 않는다는 게 수치스럽지 않습니까?"[4]라고 소크라테스는 시민법정의 배심원들을 향해 묻는다. 사람들이 재산과 명성을 얻는 데는 몰두하면서도 자기 내면의 영혼을 돌보는데 소홀한 것은, 지금이나 그때나 마찬가지였던 것이다.

그런데 자기 영혼을 돌보지 않는 모습이 반드시 이기적이거나 탐욕적인 삶을 사는 사람에게만 해당되는 것일까. 자기보다 사회를 우선하는 이타적 삶을 사는 사람들 가운데도 자기 영혼을 돌보지 않는 모습을 흔히 볼 수 있다. 세상을 위해 이타적 삶을 살면서도 정작 자신의 영혼은 피폐해지고 스스로 행복을 느끼지 못하는 모습들말이다. 세상을 위해 자신을 희생하느라 그렇다고 설명할지 모르겠지만, 그것을 좋은 삶이라 하기는 어렵다. 내가 행복하지 못한데 어떻게 다른 사람들을 행복하게 할 수 있겠는가. 니체 Friedrich Nietzsche, 1844-1900가 『안티크리스트』에서 기독교의 '이웃 사랑'이 인간을 퇴락

16

시키는 허위라고 비판하며, 반대로 '자기 사랑'을 우선할 것을 말했던 이유도 그런 것이었다.[5]

자신을 돌본다는 것이 자신의 사적인 욕망을 키우고 그것에 매달린다는 것을 의미하지는 않는다. 자신이 어떤 일을 하든 간에, 언제나 자기가 서 있는 곳을 생각하며 돌아보는 노력은 소중하다. 세상을 바꿔야 한다며 정치적 열정을 불태우는 사람도 정작 자신을 돌보지 않으면 황폐화된 삶을 살게 된다. 그런 삶에서는 세상을 녹일 수 있는 따뜻한 기운이 나오기 어렵다.

사르트르Jean Paul Sartre, 1905-1980는 "실존이 본질에 선행한다"고 했다. 종이를 자르는 칼에는 정해진 본질이 있다. 장인匠人은 종이 자르는 기능을 먼저 생각하고 그에 맞는 방법에 따라 칼을 만든다. 따라서 칼의 본질은 종이를 자르는 일이다. 이때 종이 자르는 칼은 본질이 실존에 앞선 것이다.

그러나 인간의 경우는 다르다. 인간에게는 정해진 본질이 없다. 모두에게 적용되는 보편적인 본성이라는 것은 없고 인간의 실존적 선택이 각자의 본질을 좌우하게 된다. 따라서 인간은 실존의 책임을 회피하지 않고 떠맡는, 자기 자신에 대한 책임이 따른다. "결국 인간은 인간 스스로가 만들어가는 것과 다른 무엇이 아니다."[6] 카뮈의 말대로 "인간은 생긴 그대로이기를 거부하는 유일한 피조물"[7]이다. 내가 나의 생각을 지배하는 주인이 되어야 하는 이유이다.

이렇게 살아도
　　　　되는 걸까

목차

이렇게 살아도
되는 걸까

1장
이렇게 살아도 되는 걸까

"삶은 불쾌한 것이다.
나는 이런 인생에 대해 사색하며 보내기로 마음먹었다."
― 아르투어 쇼펜하우어, 「빌랜드에게 쓴 편지」

1장 이렇게 살아도 되는 걸까

도대체 어떻게 살아야 하는 것인가. 우리의 삶은 이미 한계상황에 도달한지 오래이다. 태어나서 죽을 때까지 죽도록 경쟁해야 하는 것이 우리네 인생이 되어버렸다. 입시생들은 스펙을 쌓아 더 좋은 대학에 가기 위해, 대학생들은 취업 전쟁에서 전사하지 않으려고, 가장들은 가족을 책임지기 위해 숨 가쁜 경주를 계속하고 있다. 그런데 이 경주는 달리고 달려도 끝이 없다.

그러다 보니 내 마음 속의 거울을 통해 자신의 얼굴을 들여다 본지가 꽤 오래되었다. 내 얼굴은 옛날 그대로인지 갑자기 궁금해진다. 이제는 찌들고 적당히 비겁해진 낯선 얼굴이 거울에 비쳐지면 어쩌나 하는 걱정이 앞선다. 물론 나도 정신없이 살면서 문득문득 '이게 사는 건가'라는 생각이 들곤 했다. 하지만 어쩔 도리가 없었다. 달리던 자전거가 갑자기 멈추면 넘어질지 모른다는 생각에, 높은 낭떠러지에 매달린 손을 놓으면 그대로 추락하게 된다는 생각에 우리는 다른 곳을 바라볼 여유를 갖기 어려웠다. 그러니 사는 게 달라질 수가 없었다.

하지만 모든 것을 잊고 포기한 것은 아닐 게다. 나에게도 꿈은 있었다. 지금 살고 있는 이것은 아닐지라도 더 멋있고 자유롭고 당당하게 살고 싶었던 나만의 꿈이 있었다. 내 마음의 심연 속에 아직도 그 꿈이 간직되어 있다면, 언젠가는 심연에서 빠져나와 다시 고개를 들지 모를 일이니 이제라도 나를 들여다보지 않겠는가.

출구가 보이지 않는 시대

하지만 상황은 그리 녹녹치 않다. 나와 가족을 위해 정말 열심히 살았건만 사는 것은 나아지지 않고, 더구나 앞날은 보이지 않는다. 그래서 나의 미래에 무엇이 기다리고 있는 것인지 나는 알지 못한다. 세상에 태어나는 것을 내가 선택한 적이 없었기에 철학자 하이데거Martin Heidegger, 1889-1976는 우리 인간더러 세상에 '던져진' 것일 뿐이라고 했다. 하지만, 그래도 이렇게 살라고 던져진 것은 아닐 텐데 말이다.

짙은 연기 속에서 앞이 보이지 않으면 어떻게든 문을 찾아 빠져나가야 한다. 그런데 문제는 아무리 찾아도 출구가 보이지 않는다는 사실이다. 이미 숨이 막혀 조금씩 질식해가고 있건만, 탈출할 비상구가 보이지 않는다. 벽을 내 손으로 무너뜨리고 나가기에는 이 시대의 벽이 이미 너무 높고 단단해졌다.

그 벽 안에 갇혀버린 사람들은 너 나 할 것 없이 다들 미쳐버렸다. 경쟁에 목숨을 걸고, 왜 사는지를 더 이상 묻지 않으려 한다. 아니, 왜 사느냐고 묻는 것은 잔인한 일이다. 나도 함께 미치든지, 아니면 기꺼이 낙오를 선택하든지, 그 두 가지 길밖에 안 보이기 때문이다. 하지만 그 두 가지 길 가운데 어느 것도 내가 사는 이유라고 말하기에는 떳떳하지 못하다. 그래서 이것은 살아도 사는 게 아님을 다들 알고 있지만, 우리에게는 대안이 없다. 그 벽을 넘어설 힘도 없다. 역사상의 모든 시대가 그러했듯이 끝없는 경쟁을 미덕으로 삼는 이 시대 또한 영속적인 것은 아니겠지만, 우리가 마주한 벽은 설혹 정치권력이 한번 바뀐다고 해서 크게 달라질 그런 것은 아니다. 우리를 오래 오래 가둘지 모르는 벽이다.

그러면 이제 우리는 무엇을 어떻게 해야 하는 것인가. 앞날에 희망이 보이지 않고 비관적 전망만 가득하다면 우리는 도대체 무엇으로 버틸 수 있단 말인가. 비관스러워도 절망할 수는 없는 일. 오늘과 내일이 어려울 것이라 해서 마냥 고개를 떨구고 살 수는 없는 일이다. 그럴수록 인간다운 삶을 지키려는 노력은 소중하다. 몸은 벽 안에 갇혀있지만, 그래도 마지막 순간까지 인간으로서의 품격을 지키며 인간답게 살아갈 수 있는 내 스스로의 힘을 기르는 것. 그리하여 상황이 더 나빠지지는 않도록 삶의 참호를 파고 진지전을 벌여나가는 것. 없는 희망을 억지로 만들어내는 것이 아니라, 견뎌야 할 시간이 앞으로도 길다는 것을 냉정하게 받아들이고 삶의 비극성을 넘어설 용기를 만들어내는 것. 그리고 이 시대 속에서 지쳐가는 사람들과 손을 맞잡는 것. 이 시대의 인문학은 그 등대가 되어야 한다.

굳이 인문학을 읽지 않더라도 우리는 이미 그 속에 있다. 우리의 삶 자체가 인문학적 서사이기 때문이다. 하이데거는 우리가 결코 철학의 "밖에" 서 있지 않다고 했다. 그는 "우리가 철학에 대해서 아무 것도 알지 못해도 우리는 이미 철학 안에 들어서 있다"고 말한다.[1]

우리는 철학에 대해 설혹 아무 것도 모르더라도 인간으로 살고 있는 한, 이미 철학하고 있는 것이다. 따라서 우리가 철학을 공부한다는 것은 우리 안에 잠들어 있는 철학을 흔들어 깨우는 일이다.

철학은 지식이 아니라 삶의 체험이다. 니체가 "결국 어느 누구도 책이나 다른 것들에서 자기가 이미 알고 있는 것보다 더 많이 들을 수는 없는 법이다. 체험을 통해 진입로를 알고 있지 못한 것에 대해서는, 그것을 들을 귀도 없는 법이다"[2]라고 했던 것도 그런 의미이다. 어떤 철학자의 얘기를 들으면서 바로 나의 얘기라고 고개를 끄덕일 수 있는 것은 그런 이유에서이다. 사실 우리는 이미 삶의 철학을 하고 있다. 다만 나의 체험들이 무엇을 의미하는 것이었는지 비로소 언어화된 형태로, 그 근본을 발견하면서 깨달을 뿐이다.

진실은 원래 불편한 것이다

그래서였을까. 살기가 힘들어서인지 지난 몇 년 간 우리 사회에서는 인문학 열풍이 불었다. 몇몇 인문학 강사들의 책이 베스트셀러 반열에 올랐고, 곳곳에서 인문학 강좌가 개설되었다. 인문학 책을 읽거나 강의를 듣는 일이 유행이 되어버린 것 아닌가 하는 생각이 들 정도로 사회에서의 인문학은 문전성시를 이루었다. 대학에서 인문학이 사실상 퇴출당하고 있는 상황과 비교하면 역설적인 현상이었다. 대학에서는 '문·사·철'(문학·역사·철학)로 대표되는 인문학과들이 갈수록 줄어들고 있고, 교양과목으로 개설된 인문학 강의들은 최소 수강인원도 채우지 못해 폐강되기가 일쑤이다. 학교도 학

26

생들도 취업에 도움이 되지 않는 인문학은 더 이상 원하지 않고 있다. 그래서 우리 대학들은 인문학을 가르치지도 배우지도 않는 곳이 되어가고 있다. 철학을 가르치지 않고, 역사를 가르치지 않는 사회라니!

그러나 이미 사회에 나가 살고 있는 세대들은 뒤늦게 인문학을 찾고 있다. 아마도 힘든 경쟁의 삶 속에서 잃어버렸던 자기를 돌아볼 시간을 가지려는 갈망의 표현일지라. 그렇다면 지난 몇 년간 불었던 인문학 열풍은 비록 때늦은 것이라 하더라도 다행스러운 일이다. 하지만 그 인문학이 과연 우리 시대와 삶의 근본 문제들을 회피하지 않고 정면으로 마주했는지는 또 다른 문제이다. 불편한 얘기들을 하는 대신 힐링을 해주면 사람들은 마음이 한결 편해지게 되고 뭔가 다시 할 수 있을 것 같은 기분을 느끼게 된다. 하지만 그 기분은 일시적인 것일 뿐이다. 그 다음 날이 시작되었을 때 나는 막상 달라진 것이 아무 것도 없음을 발견하게 된다. 내가 달라진 것이 없고, 또한 세상이 달라진 것이 없기 때문이다. 힘들고 불편한 과정을 거쳐 내가 변화하지 않는다면 힐링은 그냥 힐링으로 끝날 뿐이다.

의식보다 더 깊은 곳에 있는 나의 심연을 들여다본다는 것은 그 고통을 감내할 용기를 필요로 한다. 그래서 니체는 자신의 심연을 들여다보기 위해서는 용기가 필요하다고 했다. 나의 내면 저 깊은 바닥에 무엇이 있는가를 보았을 때, 그로 인해 겪어야 할 나의 불편과 고통은 얼마나 클 것인가. 숨기고 싶었던, 인정하기 싫었던 나의 것들을 건져내서 확인한다는 것은 얼마나 불편한 일인가. 하지만 인문학은 사람들에게 불편함을 주더라도 그것을 피해서는 안된다. 인문학을 찾는 사람들 또한 기꺼이 그 불편함을 감내하겠다는 용기를 내야 한다. 진실을 알아가는 과정은, 더욱이 그것이 나에 관한 진실이었을 때, 그 불편함은 클 것이다. 하지만 그것이 진실이다.

허위에 가리워진 행복에서 탈출하기

카프카Franz Kafka, 1883-1924의 단편 「갤러리에서」는 곡마단에서의 허위 속에 가리워진 세계의 본질을 전하고 있다.[3] 폐결핵에 걸린 연약한 여성 곡마사가 원형 공연장에서 달리는 말을 타고 끊임없이 원을 그리며 빙빙 돈다. 관중 앞에서 그렇게 하도록 채찍을 휘두르는 무자비한 단장에 의해 여곡마사는 강요당한다. 그런 상황이라면 아마도 한 젊은 손님이 원형공연장 안으로 달려 들어가서 그만 멈추라고 외쳤을 법 하다. 그러나 사실은 그렇지 않다. 아무도 뛰어들지 않는다. 그 대신 가혹했던 단장은 그 작은 여인을 부축해 말에서 내리고 두 뺨에 키스를 한다. 아무 것도 모르는 관중들은 찬사를 보낸다. 그러는 사이에 여곡마사는 단장의 부축을 받으면서 발끝으로 높이 서서, 두 팔을 벌리고 고개를 뒤로 젖히며 자신의 행복을 서커스단 모두에게 나누어 주고 싶어 하는 모습을 보인다.

관중들이 보기에는 무척 행복한 모습이다. 곡마단장의 무자비한 강요, 고통받는 여곡마사의 모습은 관중들의 눈에 보이지 않는다. 관중들은 말을 타고 쉬지 않고 원을 도는 여곡마사를 향해 손뼉치며 환호할 뿐이다. 여기 공연장에서 보이는 여곡마사의 행복, 그녀를 감싸주는 단장의 제스처는 실제로는 존재하지 않는 허위이고 기만

28

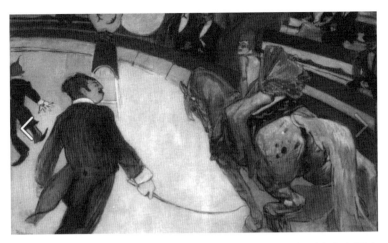

로트렉 〈페르난도 서커스에서: 여자 곡마사〉 1888. 이 그림은 카프카의 「갤러리에서」와 연결된다

이다. 곡마단에서의 강요된 진지함은 관중들에게는 진짜인 것처럼 받아들여진다. 달려 내려가 멈추라고 외치지 못했던 갤러리의 그 손님은 여곡마사의 고통에 아무 것도 도울 수 없었기에, "마치 괴로운 꿈속으로 잠겨들 듯이, 마지막 행진에서 자신도 모르게 울고 있다."

카프카의 「갤러리에서」는 이처럼 아름답게 치장된 허위로 가리워져 있는 세상의 고통을 말하고 있다. 무자비한 단장의 회초리에 강요되어 끊임없이 원을 도는 여곡마사의 존재는 근대 노동세계에 사는 인간의 절망적 상황을 담고 있다. 허위 속에 가리워진 이 '강요된 진지함'은 오늘 우리의 문제이기도 하다. 곡마단으로 설정된 세상은 우리 삶에서의 허위를 뚫고 진실을 찾기 위한 노력이 필요함을 말해준다. 행복으로 포장된 여곡마사의 고통을 읽어내고 공연장으로 달려들어가 "멈추라!"고 할 수 있는 나를 보고 싶다. 여곡마사의 강요

받은 모습만 보면서, 그것이 전부인줄 알고 박수치고 있는 내가 되고 싶지는 않다.

동굴 밖으로 나갈 용기가 있는가

플라톤의 『국가』 제7권에 나오는 '동굴의 비유' 이야기도 우리 삶에서 진리를 찾는 문제를 던져준다. 여기 지하 동굴 속에 죄수들이 묶여있다. 이들은 앞만 보도록 되어 있고 머리를 돌릴 수도 없다. 자신들 맞은 편 벽면에 투영되는 그림자들만 볼 수 있을 뿐이다. 이들은 자신들이 벽면에서 보는 그림자들을 실물로 알고 있다. 그것만이 진짜 세상인줄 안다.

그런데 그들 가운데 누군가가 가파른 오르막길을 통해 동굴 밖으로 나와 빛을 보고 세상의 진짜 실물들을 보게 되었다. 놀랍게도 동굴 밖 세상에는 해도 있고, 새도 있고, 나무도 있었다. 자신은 행복했지만 동료 죄수들을 불쌍히 여긴 이 사람은 다시 동굴로 내려갔다. 그러나 동굴 밖 세상 이야기를 전해들은 동료 죄수들은 그가 위로 올라가더니 눈을 버려가지고 왔다면서 비웃었다. 자기들을 풀어주고 인도해가려는 그를 미친 사람 취급하며 동굴 밖으로 나가기를 거부했다.[4] 이것이 유명한 '동굴의 비유'이다.

여기서 동굴 밖 세상은 영원불변의 이데아idea이고, 동굴 밖 세상의 놀라운 사실을 동료들에게 알려주려고 다시 동굴로 들어간 사람은 철학자이다. 동굴 밖 세상을 보게된 철학자는 그 감격과 기쁨을 혼자 누리며 살 수 있었다. 다시는 그 어두운 동굴 속으로 들어가 포박될지 모르는 위험을 자초할 필요조차 없었다. 그러나 철학자는 그럴 수가 없었다. 동굴 안에서 포박되어 있는 동료들도 태양을 보고 하늘을 나는 새도 보며, 밤에는 달도 볼 수 있는 삶을 살도록 해주고 싶었다. 그래서 그들을 위해 동굴 안으로 다시 들어갔다. 그러나 철학자의 노력은 자기 눈에 보이는 것이 실재라고 굳게 믿는, 그래서 동굴 밖으로 나가려 하지 않는 어리석은 동료들로부터 비웃음거리가 되고 말았다. 포박당한 죄수들은 자기 앞에 보이는 것 이외의 다른 세상이 있으리라고는 상상조차 하지 않으며 눈앞에 보이는 것만을 믿었다.

플라톤의 '동굴의 비유'는 우리 삶의 태도에 대한 근본적인 질문을 던지고 있다. 당신은 두 가지 삶 가운데서 어떤 삶을 살 것인가. 눈앞에 보이는 현상만이 진짜 세상인줄 알고, 겉으로 보이는 것이 전부라고 믿으면서 살아갈 것인가. 아니면 포박을 끊고 동굴 밖으로 나와 지성의 눈으로 진짜 세상을 보려할 것인가. 동굴 밖으로 나가려는 생각을 포기한 채 나를 위해 돌아온 동료를 비웃으며 그가 내민 손을 뿌리칠 것인가. 아니면 내가 본 진짜 세상으로 동료들도 데려오기 위해 기꺼이 다시 동굴 안으로 들어가는 삶을 살 것인가. 아니, 동굴 안으로 다시 들어온 철학자의 삶까지는 어렵다 해도 적어도 그를 비웃는 일 없이 내민 손을 잡아주는 삶 정도는 살아야 하지 않을까? '동굴의 비유'는 시간을 초월해서 오늘 우리 삶에도 그대로 적용되는 질문을 던져주고 있다.

나의 소중한 삶, 어떻게 살 것인가

폴 벤느의 말처럼 우리는 투명한 어항과도 같은 담론 속에 갇혀있는지 모른다. 어항 속에 갇혀있는 이 시대의 인간들은 이 어항이 어떤 것인지, 심지어 거기에 어항이 있는지조차 알지 못한다.[5] 우리는 어항 속에서 자유로운 것 같지만 실은 특정한 진실만을 말하도록 구축된 주체들이다. 주체는 오로지 어항 안의 진실을 사유하고 말할 수 있을 뿐이며, 옳고 그름의 가치판단도 어항 속을 벗어날 수는 없다. 바로 이러한 어항과도 같은 존재가 권력인 것이다. 플라톤이 동굴 밖의 세계를 말했다면, 폴 벤느는 어항 바깥에 진실이 있음을 말한다. 나의 존재를 돌아보는 일은, 나와 연결된 세상을 바라보는 일로 연결된다.

동굴 밖 세상을 알려고 하고 어항 밖의 진실을 알려고 하는 것은, 당장 내 발등에 떨어진 불과는 무관한 일인가. 먹고 살기조차 버거운 세상에서 '생존'이 아닌 '삶'을 생각한다는 것은 사실 쉬운 일이 아니다. 눈물 젖은 빵을 입에 물고 있는 사람에게는 배고픈 설움으로부터의 탈출이 급한 것이지 삶 전체를 생각할 여유조차 없다.

하지만 내가 처한 당장의 문제들이 아무리 다급하게 여겨져도, 우리가 그냥 오늘만 생각하고 살아갈 수는 없는 일이다. 생의 시간은 생각보다도 무척 길다. 지금은 발등에 떨어진 불로 여겨지는 현실적 문제들이 내 삶의 전부는 아니다. 생의 행로를 길게 보고 어떤 것이 과연 길게 사는 삶의 태도인가를 생각해야 한다. 나는 누구인가로부터 시작해서, 나는 과연 제대로 살고 있는 것인지, 어떻게 사는 것이 인간답게 사는 것인지, 무엇이 행복한 삶인지, 그리고 이 세상을 위해 나는 무엇을 할 것인가에 이르기까지 묻고 또 물으며 인생의 행로에 나서야 한다. 스스로에게 성실하게 묻고 진심으로 답해나간다면 어느덧 나의 삶을 지탱해주는 삶의 근육이 단련되어 있음을 발견할 수 있을 것이다.

바로 눈앞만 뚫어지게 보며 고속도로 운전을 하는 사람은 길옆에 있는 풍경들을 다 놓치게 된다. 운전의 시야가 좁으면 옆으로 나있는 다른 길들을 보지 못한 채 지금 가고 있는 것만이 유일한 길로 알게 되곤 한다. 어렵게 나선 길인데, 얼마나 아까운 일인가. 많이 보고 많이 느낄 것들인데 말이다. 그래서 이렇게 말고, 저렇게도 살아볼 수 있다는 엄두를 내지 못하게 된다.

가는 길이 험할 때 그저 넘어지지 않고 가는 데만 온 신경이 향할 수 있다. 그러다 보면 정작 내가 그 길을 왜 가고 있는가를 잊게 될 수 있다. 우리는 생각하지 않으면 습관으로 살아가게 된다. 항상 잊지 말아야 할 것은, 내가 이 길에 왜 들어섰던가 하는 물음이다. 자신의 시작이 무엇이었던가를 잊지 않고 간직하는 일이다. 그것만 지킨다면 어디에서 어떤 길을 가고 있든, 더디 가든 빨리 가든, 그것은 그리 중요한 문제가 아니다. 어떻게 나는 자기의 모습을 잃지 않을 수 있을 것인가. 어떻게 해야 나는 내가 되는가. 긴 삶의 여정에서 놓을 수 없는 질문이다.

영국의 철학자 블랙번Simon Blackburn은 우리 하나하나의 삶이 갖는 의미를 이렇게 설명한다.

인간의 척도에서 보면 무익한 삶이란 없다. 베토벤, 아인슈타인, 소아마비 백신을 발명한 솔크, 증기 기관을 발명한 제임스 와트의 삶이 의미 있듯이 수많은 사람들의 삶 역시 그보다는 덜 극적이라 해도 의미가 있다. 우리는 '매 시간 무대 위에서 일희일비하는 초라한 배우'일지 모르지만 예전보다 더 나은 것을 무대 위에 남길 수 있으며, 자신의 삶에 의미를 부여할 수 있다. 이것은 내재적 선택이지 이기적이거나 물질적인 선택이 아니다.[6]

내가 무대 위에서 화려한 조명을 받는 세상의 주연은 아니지만, 나의 삶은 그 자체로 의미가 있고 소중하다. 그냥 흘려보낼 수 없는 나의 귀중한 삶, 어떻게 살 것인가에 대한 질문을 놓을 수 없는 이유이다. 우리는 너 나 할 것 없이 각자가 소중하고 의미 있는 존재이다. 그래서 자신을 향해 이렇게 살고 있는 것이 최선이었던가를 질문할 책임이 나에게는 있다.

2장
우리는 왜 불안한가

"내가 항해를 시작했는데 만약 배의 힘으로는 견뎌낼 수 없고
항해사의 기술로도 극복할 수 없는 폭풍우가 불어 닥치더라도,
나는 그 결과에 대해 어떤 걱정도 하지 않는다.
내가 해야 할 모든 것은 이미 다 했기 때문이다."

— 아담 스미스, 『도덕감정론』

2장 우리는 왜 불안한가

　　오늘 우리는 불안하다. 불안이야말로 이 시대의 가장 많은 사람들이 안고 사는 문제일 것이다. 경쟁은 불안을 낳고, 불안은 다시 경쟁을 격화시킨다. 서로가 불안하기에 경쟁은 이제 사활을 건 투쟁이 되어버린다. 이처럼 불안은 내가 살아가는 동안 끊임없이 이어졌고, 앞으로도 그러할 것이다. 돌아보면 내 생에서 가슴 졸이지 않고 마음 편히 살았던 적이 언제 있었던가 싶을 정도로 우리는 늘 불안에 갇혀 살아왔다. 경쟁에서 한번 낙오되면 패자부활전의 기회조차 얻기 어렵고 다시는 일어서기 어려울 것 같은 불안감이 우리를 엄습하고 있다.

　게다가 우리가 사는 사회는 그 불안을 더욱 증폭시킨다. 위험사회 속에서 이어지는 온갖 재난과 사고들, 그리고 그에 대한 국가의 무능력을 지켜보면서, 누가 우리를 지켜줄 수 있을지 묻게 된다. 바다 건너 일본에서 원자력발전소가 파괴되고 방사능이 유출되어 땅과 바다에 죽음의 그늘이 드리운 일이 우리라고 예외가 될 수는 없다. 한반도의 남쪽과 북쪽이 전쟁을 불사하겠다는 기세로 일촉즉발의 상황을 낳을 때, 우리는 전쟁의 공포에 휩싸이게 된다.

무엇보다 불안한 것은 지구와 인류의 미래이다. 미래학자 제레미 리프킨Jeremy Rifkin, 1945-은 지구의 여섯 번째 멸종기가 다가오고 있다면서 "이번 세기가 끝나는 시점에 지구에 살고 있는 생명의 종 가운데 최대 60퍼센트가 사라질 수 있다고 한다. 이런 상황에서 우리는 지금 무엇을 하고 있나?"라고 우리에게 묻는다.[1] 기후변화가 지구의 물 순환을 바꿔놓고 있으며, 우리가 살고 있는 방식을 바꾸지 않는다면 지구 상 대부분의 자원은 50년을 버티지 못할 것이라는 경고들이 계속되고 있다. 하지만 경고의 긴박함에 비해 인간들의 대응은 부족하기만 하다. 이성이 과연 충동과 욕망을 제어하며 생명을 지킬 수 있을까. 인류 역사에서 과학과 기술이 최고로 발달했다는 시대를 살고 있건만, 우리를 둘러싼 불안의 강도는 과거보다 결코 약하지 않다.

인간은 원래부터 불안한 존재이다

그런데 불안이 꼭 나의 외부에 있는 세계로부터 오는 것만은 아니다. 인간은 원래부터 불안한 존재였다. 회의, 고독, 절망, 자학, 낙오, 패배, 죽음, 내 삶에서 떼어놓을 수 없는 이런 것들이 끊임없이 나의 마음을 흔들어 놓는다.

카프카의 『변신』은 인간의 존재적 불안을 그리고 있는 대표적 작품이다.[2] 주인공 그레고르 잠자*는 가족을 부양하기 위해 회사에 다니면서 부지런히 살고 있는 젊은이다. 그런데 어느 날 자고 일어났더니 벌레가 되어버린 자신을 발견하고는 충격을 받는다. 지금까지 가족들을 위해 열심히 일하며 애써왔던 그였지만, 가족들은 점차 그를 해충 보듯이 한다. 가족들은 징그러운 벌레로 변해 더 이상 아무 도움이 되지 않는 그를 외면하고 결국 방 안에 감금해 버린다. 그리고는 여동생이 가족들과 나누는 말을 그레고르는 듣게 된다. "저는 이 짐승 앞에서 오빠라는 이름을 입에 담고 싶지도 않아요. 그러니까 이렇게 말씀 드리는 거예요. 우리는 저것을 없애 버릴 계획을 세우지 않으면 안 돼요. 저것을 보살피고 참아 내기 위해서 인간으로서 할 수 있는 일은 다 했잖아요."

가족들로부터 징그러움과 멸시의 대상이 된 그레고르는 결국 벌레의 모습으로 죽은 채 발견되고, 가족들은 홀가분한 마음으로 바람을 쐬러 나간다. 그레고르가 돈을 버는 동안은 그의 존재가 인정되었지만, 이제 그 기능을 못하게 되었기에 가족 안에서 그의 존재 의미는 사라져 버린다. 카프카는 그레고르의 변신과 죽음을 통해 우리 인간들의 존재가 얼마나 근원적으로 불안한가를 말해준다. 함께 사는 가족들도 기능적 필요에 의해 유지되는 단절된 관계였음을 그레고르는 벌레가 되고서야 알게 되었던 것이다.

그래서 카프카는 "자신이 사라지지 않으면 안 된다는 생각은 아마

---

* '잠자'는 체코어로 고독하다는 뜻이다.

도 누이동생보다 그레고르 자신이 훨씬 더 강하게 가졌을 것"이라고
했다. 나의 존재는 현세의 여러 권력과 욕망이라는 껍질에 예속되어
생존을 위해 허덕이는 껍데기에 불과한 벌레 같은 존재였다. 우리는
벌레처럼 죽어가는 불쌍한 영혼들인 것이다. 그레고르, 그리고 우리
들…

인간의 근원적 불안에 대해서는 다양한 설명들이 있어왔다. 고대
철학에서는 불안을 의학적 문제가 아닌 도덕적 결함의 결과로 보았
고, 에피쿠로스 같은 경우는 욕망의 억제로 불안을 없애야 마음의
평안이 온다고 했다. 철학이나 심리학에서는 불안을 이겨내기 위해
서는 내면의 초연함이 있어야 함을 강조해왔다. 불안의 문제를 의
학의 영역으로 확장시킨 것은 정신분석학자 프로이트Sigmund Freud,
1856-1939에 의해서였다. 그는 무의식적인 성적 기억과 충동의 억압
이 불안장애를 낳는다고 보았다. 현대 정신의학에서는 불안을 낳은
두뇌활동을 감지하여 분석하고, 그에 맞는 항불안제 치료를 한다.

사회가 강요하는 불안

하지만 불안에 대처하는 여러 노력들에도 불구하고 오늘도 불안은
번지고 있다. 우리 사회의 경우에도 불안의 확산은 우울증의 급증
추세를 통해서도 확인할 수 있다. 한국에서 우울증으로 진료받은 환
자는 해마다 증가하고 있고, 특히 우울증 환자 가운데 50대 이상의
연령층이 60퍼센트를 넘는다. 아무래도 퇴직 등에 따른 수입 감소와
고립감 등이 주된 원인으로 분석된다. 여기에 한국인의 우울증 표현

지수가 다른 나라들에 비해 낮다는 점을 감안할 때, 병원을 찾지 않는 사람들까지 포함하면 우울증에 시달리는 사람의 숫자는 훨씬 많을 것으로 추정된다.

오늘의 사회는 우리에게 불안을 강제한다. 성공이냐 실패냐를 끊임없이 요구하는 사회 속에서 우리는 다른 사람들과 늘상 비교하며 자신이 사다리의 어느 높이에 있는가를 가리려고 한다. 알랭 드 보통Alain de Botton, 1969-은 "우리가 사회의 사다리에서 차지하는 위치에 그렇게 관심을 갖는 것은 다른 사람들이 우리를 어떻게 보느냐가 우리의 자아상自我像을 결정하기 때문이다"라고 말한다. 그가 말하는 '지위로 인한 불안'은 사회에서 제시한 성공의 기준에 부응하지 못하면 존엄을 잃고 존중받지 못할지 모른다는 걱정이다.

물론 사회적 위계에서 낮은 지위를 차지하는 것이 즐거운 일은 아니다. 하지만 그렇다고 그렇게까지 고통스러운 일만도 아니다. 그런데도 우리가 힘들어지는 이유는, 내가 속한 공동체가 가난을 해석하고 설명하는 방식에 의해 나의 자존심이 결정적으로 영향을 받기 때문이다. 자신을 평가하는 중심이 자기 자신이 아니라, 자기 외부에 존재하는 타인들이 될 때 불안은 촉진된다. 자신의 중심이 허약할수록 자아보다는 타인의 시선이 더 힘을 갖게 되는 것이다. 사회로부터의 세속적 시선에 내가 휘둘릴 때 불안은 깊어진다.

우리를 불안에서 벗어나지 못하게 가두는 또 하나의 굴레는 고립이다. 이 세상에서 혼자라는 생각, 그렇기 때문에 나의 어려움을 혼자서 지고 갈 수밖에 없다는 생각은 삶의 어깨에 놓인 짐을 몇 배나 더 무겁게 느끼도록 만든다. 삶이 힘들어 지쳤을 때 누군가 나를 붙잡아줄 사람이 없는 상황은 개인을 극도의 불안으로 몰고 가곤 한다.

아무도 지켜보지 않는 가운데, 아무도 모르게 죽어갔고, 여러 날이 지나서야 시신이 발견되었다는 기사는 이제는 낯설지 않다. 혼자 죽고 세상은 그 사실조차 알지 못하는 고독사는 해마다 늘어나고 있다. 고독사는 인간의 고립과 단절을 가장 집약적으로 드러내는 사회 현상이다. 인간은 어려움이 있을 경우 주변과의 관계를 통해 고통을 나누고 자신에 대한 정서적 지지를 얻음으로써 어려움을 극복할 힘을 얻을 수 있다. 그러나 경쟁 속에서 공동체는 무너졌고 사람들 사이의 관계도 많이 허물어졌다. 힘든 나를 이해해주고 의지할 곳인 가정조차도 붕괴되기 일쑤이다. 내 손을 잡아줄 사람은 아무도 없다. 그 한가운데서 불안은 불안을 낳는다.

근대 사회에도 불안이 계속된 이유

인간은 역사 이래로 사람이 사람을 소유하는 노예제를 유지해왔다. 사람이 다른 사람을 재산이나 가축처럼 소유하는 노예제는 역사상 세계 어디에서나 볼 수 있었던 일반적인 현상이었다. 아테네 인구의 5분의 2 가량이 노예였다고 하니, 당시 노예 제도가 얼마나 광범위했던가를 알 수 있다. 아리스토텔레스Aristoteles, BC 384-322조차도 노예제에 대해 정당성을 부여했다. 여성과 노예의 본성은 시민이 되기에 적절하지 않기에, 시민들에 의해 시행되는 정치에서 여성과 노예는 제외되어야 한다고 했다. 노예는 살아있는 도구이며 가축이었다. 로마 시대에는 온갖 민족들이 로마제국의 노예가 되어 노동 뿐 아니라 검투사, 성노예가 되어 죽어가야 했다. 로마가 건국하고 쇠

퇴할 때까지 천 년 동안 노예로 잡히거나 팔린 사람이 1억 명 이상에 달했다고 한다.

영국 화가 윌리엄 터너William Turner, 1775-1851의 〈노예선〉은 화물로 취급당하며 바다에 버려진 인간들의 처참한 모습을 그리고 있다. 터너의 이 그림은 1871년에 있었던 실화를 소재로 한 것이다. 자메이카를 향해 가던 영국 노예선 종Zong 호는 어려움에 봉착한다. 오랜 항해 과정에서 질병 등으로 60여명의 노예와 여러 선원들이 사망한 상태였고 식수도 여유가 없었다. 이에 선원들은 노예들을 바다에 던져 학살하기로 했다. 보험금 때문이었다. 당시 보험사와의 계약 조건은 노예가 배에서 사망하면 선주의 책임이라 보험금을 지급하지 않게 되어 있었지만, '화물'이 바다에 빠져 없어질 경우에는 보험금

윌리엄 터너 〈노예선〉 1871

이 지급되도록 되어있었다. 노예 한 명분의 보험금을 환산하면 1인 당 30 파운드였다. 선원들은 이 보험금을 위해 노예들을 한 명씩 바다에 던져버리는 학살을 했던 것이다.

그 뒤 노예 무역회사 측은 보험사를 상대로 보험금을 청구했지만, 경위를 알게 된 보험사 측은 지급을 거부하여 재판이 진행된다. 재판의 결론은, 노예 투척은 선원들에 의한 고의적인 화물 파손이므로 보험사는 보험금을 지급할 의무가 없다는 것이었다. 하지만 선원들의 학살 행위에 대한 재판은 진행조차 되지 않았고 선원들은 아무런 처벌도 받지 않는다. 그에 대해서는 언론들도 아무런 문제 제기를 하지 않았다. 이 사건이 노예 폐지 운동에 불을 붙인 것은 시간이 좀 지난 뒤였다. 인간은 이렇게 짐짝만도 못하게 다루어져왔다. 그런 노예제도가 폐지된 것도 불과 150여 년 전의 일이었다.

그래도 이제는 인간이 인간을 가축처럼 취급하는 노예제는 사라졌다. 근대 사회의 출현은 인간에 의한 인간의 폭력을 사라지게 만드는 전기가 되었다고 평가받는다. 그런데 인간의 자유가 실현되었다는 근대 이후에도 인간의 불안이 줄어들지 않고 있는 이유는 무엇일까. 노예들이 가축처럼 취급당했던 고대 노예사회, 농노들이 영주로부터의 직접적 폭력을 당하고 수탈당했던 중세사회에 비하면 인간의 삶은 훨씬 개선된 것이 아니었던가. 근대의 출현은 인간들에게 정치적 자유를 주었고, 자유롭게 노동할 수 있는 기회를 제공한 것 아닌가.

하지만 근대인들은 중세인보다 더 불안해했다. 어떻게 된 일일까. 근대 이전까지는 인간들이 자신의 신분을 숙명으로 받아들이고 더 이상의 기대를 갖지 않았다. 신이 정해준 운명 속에서 그저 살아가면 되는 것이었다. 알랭 드 보통은 귀족 계급의 지원을 받는 왕이 나라를 다스렸을 때 사회는 그 참상에도 불구하고, 오늘날에는 맛보기 어려운 여러 가지 행복을 누렸다고 설명한다. 민중은 자신이 속한 사회적 신분 외에 다른 가능성은 생각해본 적이 없었고, 자신의 지도자와 동등해지기를 기대한 적이 없기 때문에, 자신의 권리에 의문을 품지 않았다. 그들은 엄혹한 환경에서 살아갔지만 반감을 품지도 모욕감을 느끼지도 않았다. 그저 신이 정해준 불가피한 고난이라고 생각했다. 농노는 자신의 열등한 위치가 불변의 자연 질서의 결과라고 여겼다. 그 결과 운을 불평등하게 타고난 여러 계급사이에 일종의 친선 관계가 확립되었다. 그래서 사회는 불평등했지만, 그것 때문에 인간의 영혼이 타락하지는 않았다.[3]

이처럼 근대 이전의 사회에서 인간은 자신의 사회적 신분이 낮더라도 그것을 숙명처럼 받아들여 신분 변화에 대한 기대를 하지 않았다. 그래서 고통스러워하지 않았던 것이다. 그러나 계몽주의의 이성과 함께 정치적으로는 민주주의, 경제적으로는 자본주의가 들어서는 근대가 출현한 이후 인간들의 기대는 달라졌다. 그동안의 모든 속박에서 해방되어 자유롭고 평등하게 살 수 있을 것이라 기대하기 시작했다. 하지만 그 기대는 현실이 되지 못했다.

정치철학자 토크빌Alexis de Tocqueville, 1805- 1859은 『미국의 민주주의』에서 "그들이 자기들을 방해하는 몇몇 사람의 특권을 없애버린 것은 사실이다. 그러나 그들은 모든 사람이 경쟁해야 하는 상황을 가져왔다. 장벽은 없어진 것이 아니라 그 모습이 바뀌었을 뿐이다"라고[4] 설명한다.

사람들은 달라질 것이라는 기대와 욕망을 갖게 되었지만, 달라진 것 없는 현실은 다시 그들을 좌절시켰다. 폭력은 사라진 것이 아니라 보이지 않는 형태로, '비가시적 폭력'으로 변신했다. 사람들은 오히려 더 혼란스러워졌다. 신분제 사회의 폭력은 눈에 보였다. 노예들을 가축처럼 부리다가 언제든지 죽였고, 영주들은 농노들에 대한 생사여탈권을 갖고 있었다. 그러나 근대 사회에서는 그 같은 직접적인 폭력이 사라졌다.

그 대신 등장한 것은 시장이었다. 국가는 시장에서 알아서들 경쟁하며 살아갈 것을 주문했다. 프랑스 현대 철학자 푸코Michel Foucault, 1926-1984가 간파했듯이, 국가는 생명들을 "살게 하거나 죽도록 내버려두는" 새로운 통치술을 구사했다. 시장에서 선택받은 자는 살 수 있지만, 그렇지 못한 자들은 죽어야 했다. 이제 실패에 대한 책임은 나의 것으로 받아들이게 되었다. 나는 열심히 최선을 다했지만 경쟁에서 낙오하고 만다. 억울하기는 하지만 누구 때문에 이렇게 된 것인지가 보이지 않는다. 국가는 이 경쟁의 장에서 뒤로 빠져있다. 내가 할 수 있는 것은 내 탓 밖에 없다. 내가 못나서, 내가 능력이 없어서 실패했다는 결론, 이것이 신자유주의 시대가 요구하는 모범답안이다. 이 자책은 노력해도 안 된다는 억울함과 뒤섞이면서 우리를 더욱 혼란스럽게 만든다. 오늘 우리가 겪고 있는 불안의 정체이다. 누가 나를 불안하게 만들고 있는지를 찾기 어렵기에 우리는 더욱 불안해진다.

근대사회가 가져다 줄 것 같았던 자유는 막상 실현되지 못했다. 사람들은 모든 속박으로부터 해방되는 듯 했지만, 자신의 개성을 적극적으로 실현할 가능성을 제대로 가질 수가 없었다. 기대와 현실

사이의 괴리로 인해 "유럽에서는 공황 상태에 빠진 사람들이 자유에서 벗어나 새로운 속박으로 뛰어들거나 적어도 완전한 무관심으로 도피했다." 이것이 에리히 프롬Erich Fromm, 1900-1980이 말했던 '자유로부터의 도피'이다.[5] 프롬이 말했던 자유로부터의 도피는 도스토예프스키의 『카라마조프 가의 형제들』에 나오는 〈대심문관〉*을 떠올리게 한다. 대심문관이 예수를 지하에 가두고 말한 것은, 자유를 감당할 수 없는 인간에게 빵을 주는 대신 자유를 반납 받았고, 그렇게 하여 인간들을 온순한 양떼로 만들었다는 것이었다.

> 분명히 말하건대, 인간이라는 이 불행한 존재에겐 태어나면서부터 받은 이 자유의 선물을 넘겨줄 대상을 어서 빨리 찾는 것보다 더 고통스러운 근심거리는 없다. 하지만 인간들의 자유를 지배하는 자는 오직, 그들의 양심을 편하게 해 줄 수 있는 자뿐이다. 빵과 함께 너에게는 확실한 깃발이 주어졌다. 빵보다 더 확실한 것은 아무 것도 없으니까 빵을 주면 인간은 경배할 것이지만, 그러나 동시에 너 이외의 누군가가 그의 양심을 지배하게 된다면 — 오, 그러면 인간은 너의 빵마저도 버리고 자신의 양심을 사로잡는 그자를 따를 것이다.[6]

대심문관은 예수가 광야에서 기적, 신비, 권위를 요구하는 악마의 유혹을 거부하고 인간에게 자유의 믿음을 주었지만, 자유를 감당할

---

* 〈대심문관〉은 신의 존재를 부정하는 무신론자인 형 이반이 동생 알렉세이에게 얘기해주는 자신의 서사시 제목인데, 『카라마조프 가의 형제들』 가운데 백미로 평가받는다. 교회 교황격인 대심문관의 얘기 가운데는 인간의 본성에 대한 냉소가 담겨있다.

수 있는 사람은 소수일 뿐이었다고 예수를 공박한다. 대부분의 평범한 사람들은 기적, 신비, 권위가 있어야만 믿음을 가질 수 있었고, 자유보다는 빵을 원했다. 그래서 빵보다 자유를 선택한 예수는 인간들이 믿음을 가질 기회를 박탈한 결과가 되었고, 교회가 자유를 감당할 능력이 없는 다수를 위한 빵을 제공하게 되었다는 것이다.

인간에 대한 대심문관의 얘기들은 부인하고 싶지만, 무척 아프게 들려온다. 인간은 자신에게 주어진 자유를 감당하지 못한 채 누군가를 찾아 반납한다. 나의 자유를 위탁할 상대를 찾기 위해 우상은 도처에 만들어진다. 물질적 욕망, 사회적 지위와 명예, 권력, 그리고 온갖 정치적 우상들. 그 우상들을 부셔버리지 못하는 한 인간은 속박의 굴레에서 벗어날 수 없다.

인간이 자유를 스스로 감당하지 못했을 때 그 결말은 불행했다. 중세가 무너지고 개인이 출현하고 성장할 기회가 생겼다. 그러나 개인들은 점차 고립되어 자신을 무력하고 하찮은 존재로 여기게 되었고, 새로운 불안이 사람들을 위협했다. 그래서 개인의 자유를 박탈하더라도 불안을 없애주겠다고 약속하면, 사람들은 그 관계 속으로 도피하거나 복종으로 도피해버린 것이다. 근대 이후 개인들이 겪어야 했던 고독과 무력증은 그래서 그들을 결국 파시즘의 품 안으로 투항하도록 만들고 말았다. 불완전한 자유의 비극적 결말이다.

불안은 고통이 아닌 자유의 가능성

그런데 불안은 꼭 나쁜 것일까. 불안은 항상 인간의 행복을 가로

막고 삶을 파괴하는 나쁜 정서인가. 실존주의자들은 그렇게 보지 않았다. 실존주의 철학자에게 불안은 인간의 보편적 정서였고 따라서 인간의 본성이었다. 키에르케고르Søren Kierkegaard, 1813-1855, 사르트르 등으로 이어지는 실존주의에 따르면 불안은 자유로운 인간의 실존을 증명해주는 중요한 감정이다.

키에르케고르는 실존의 문제를 불안으로 설명하고 있다. 그의 삶에는 아버지에 대한 원죄 의식, 어머니와 형제의 죽음이 안겨준 불안이 내내 따라다녔다. 그래서 "모든 존재는 좁쌀만한 날파리부터 신의 권능이라는 거대한 신비에 이르기까지 모두 나를 불안하게 한다. 그 모든 것들을 나는 이해할 수 없다. 모든 존재는 오염된 것 같다. 그 무엇보다 더러운 것은 나 자신이다. 나의 고통은 거대하고 끝이 없다"고 키에르케고르는 토로했다.

그러나 그에게 불안은 고통이 아니라 자유의 가능성을 의미한다. 무엇인가를 선택할 수 있는 자유가 주어졌기 때문에 그 선택의 결과에 대한 불안이 생겨나는 것이다. 그리고 그 선택의 기준은 도덕이나 종교가 아니라, 신 앞에 단독자로 서게 될 자기 자신의 자유로운 영혼이 되어야 한다고 말한다. 그렇다면 불안은 나쁜 것이 아니다. 불안은 아무런 허물이 되지 않으며 고통도 아니다.[7]

사르트르에 따르면 인간은 자유로운 선택권을 가진 존재이다. 세상을 사는 인간은 자신에게 주어진 여러 가지 선택의 가능성 가운데 어떤 하나의 것을 스스로 선택한다. 그런데 그 선택의 자유와 책임 사이에서 인간은 불안을 느끼게 된다. 인간은 어떤 것을 선택함에 있어서 스스로 결정해야 하지만 다양한 가치들로 인해 선택을 주저하게 된다.[8] 그래서 인간은 선택을 하는 과정에서 불안을 겪는다.

'과연 어떤 선택이 옳은 것일까, 내가 하는 선택은 맞는 것일까' 하는 망설임이다. 그리고 선택이 이루어진 이후에는 선택의 책임에 대한 불안이 따른다. 나는 과연 옳은 선택을 했던 것일까에 대한 불안이 생겨나고, 그로 인해 지난 과정에 대한 성찰을 하게 된다.

어머니가 나에게 과자를 맡기고 나가셨다. 가족이 다 모였을 때 먹기로 한 과자였다. 그런데 나는 배가 고파서 과자가 먹고 싶어졌다. 혼자 먹어도 될까 망설이다가 결국 다 먹어버리는 선택을 했다. 그러나 먹고 난 다음, 가족이 함께 먹어야 할 과자를 나 혼자 먹은 것이 잘못이라는 불안이 생겨났다. 선택의 책임에 대한 불안인 것이다. 이렇듯 자유로운 선택은 그 선택의 책임에 대한 불안을 낳는다. 하지만 그 불안은 좋은 불안이다. 자신의 선택에 대해 불안하기에, 인간은 무엇이 옳은 선택인가를 놓고 고민하게 된다. 그만큼 선택에 대한 긴장을 유지하게 된다. 선택한 이후에도 인간은 자신이 잘한 것인지, 그 과정을 성찰하게 된다. 이때 불안은 가치있는 선택을 위한 자유의 가능성이다. 따라서 불안을 나약함으로 여기는 것은 잘못이고, 반대로 자신에게 주어진 선택의 자유로움을 포기하는 것이야 말로 비겁한 일이라는 것이 실존주의의 관점이다.

물론 불안에는 고통도 따를 수 있지만, 마냥 부정적인 것으로 받아들일 일은 아니다. 실제로 불안이 인간의 삶을 긍정적으로 이끄는 측면을 우리는 발견한다. 불안은 선택에 대한 책임에서 따라 나오는 것이기에, 인간은 불안함으로써 건강한 긴장을 유지하게 되고 자기 자신에 대해 객관적인 태도를 가질 수 있다. 선택의 결과에 대한 불안이 없다면 우리는 자신의 선택에 대해 긴장할 이유도 없고 마냥 흘러가는 대로 살아갈지 모른다. 불안하기에 성찰하고, 불안하기에 고민하며, 삶의 옳은 방향을 찾기 위해 노력하는 것이다.

불안이 인간의 본성이라면 이제 우리에게 필요한 것은 불안의 적정성을 유지하는 일이다. 불안이라는 것이 인간의 본성적 정서라면 그로 인한 불편함과 고통을 끊어낼 길은 없다. 오히려 불안이 가져다주는 긍정적 긴장을 삶의 동력으로 삼아가는 지혜가 필요하다. 문제는 통제되지 않는 과도한 불안이 가져올 수 있는 자기 파괴의 위험이다. 감정의 극단으로 치닫지 않고 이성에 의해 인도될 수 있는 불안의 개념이 우리에게 필요하다.

탐욕은 우리를 불안의 굴레에 가둔다

불안이라는 것이 나에게 어떤 것인지는 결국 자기의 마음에 달린 문제이다. 자기 삶의 처지나 앞길에 대한 고민 같은 것은 인간의 본성적 정서라 할 수 있지만, 자기 외부의 시선만을 의식하여 지나친 열등감과 자기비하에 빠지면 결국 자신을 파괴하는 결과로 이어진다.

한때 세상을 떠들썩하게 했던 서초동 세 모녀 살해 사건이 그런 것이었다. 아내와 두 딸을 살해한 가장은 여유있는 집안에서 자라 명문대 출신에 대기업을 다녔던 잘나가던 사람이었다. 하지만 실직이라는 어려움 앞에서 그는 자기를 지키지 못했다. 재취업에 실패하자 주식에 손댔지만 대출금 가운데 수억 원의 손해를 보았고, 앞날이 보이지 않았다. 좌절을 견뎌내지 못한 그는 가족과 함께 죽으려고 범행을 저지르고 말았다.

그런데 그에게는 10억 원 대의 아파트가 있었고, 비교적 여유 있는 양가 부모가 있었다. 가족에게 실직 사실을 털어놓고, 아파트도 처분하고 생활을 줄인 뒤, 힘든 일이라도 하겠다며 다시 나섰다면 감당 못할 어려움은 아니었다. 갑작스럽게 닥친 난관 앞에서 다른 사람들의 시선이나 부질없는 자존심 같은 것은 다 내려놓고, 가족이 힘을 합해 살 길을 찾아가고자 했다면 아마도 그 길이 열렸을 것이다. 그보다 훨씬 어려운 환경에서도 가족들과 힘을 모아 열심히 살아가고 있는 사람들이 얼마나 많은가. 가족들에게도 자존심이 상해서 실직 사실조차 말하지 않았던 가장의 모습은, 타인의 시선만을 의식한 나머지 자신과 가족을 파괴한 비극이었다.

알랭 드 보통은 낮은 지위와 가난이 결함으로 간주되는데 대해 근본적인 의문을 제기하며 "큰돈을 벌지 못하는 것은 단지 더 크고 더 다채로운 기획의 한 특정한 영역에서 실패한 것일 뿐이다. 그런데도 어째서 부와 가난을 개인의 도덕성의 핵심적인 표지로 읽는가?"[9] 라고 반문한다. 삶에 대한 평가의 잣대는 여러 가지가 있을 수 있다. 경제적으로 어렵다는 것, 높은 지위를 갖고 있지 못하다는 것은 그 가운데 하나일 뿐, 그것을 이루지 못했다고 해서 실패한 삶이라고 말할 일은 전혀 아니다. 부와 지위 말고도 인간의 삶에는 소중한 것들이 너무도 많다. 자기의 재능을 살리는 것, 자기가 하고 싶은 일을 하는 것, 가족의 사랑 속에서 살아가는 것, 사회의 이웃과 공익을 위해 일하는 것 등 의미 있는 삶에는 여러 가지가 있다.

반대로 탐욕은 바닥이 없는 구덩이다. 탐욕스러운 사람은 욕구를 충족시키기 위해 끝없이 노력하지만 끝내 만족에 도달하지 못하고 기진맥진한다. 이기적인 사람은 항상 불안하게 자신을 걱정하지만,

52

절대 만족하지 못하고 항상 안절부절하며, 뭔가를 놓치거나 빼앗기지 않을까 하는 두려움에 늘 사로잡혀 있다.[10] 그래서 탐욕은 우리를 불안의 굴레에서 벗어나지 못하게 만든다. 『장자』莊子 내편內編 제물론편齊物論篇에서는 이를 가리켜 "인간은 모두가 자기 위주의 욕망이나 작은 지혜 때문에 일생을 불안 속에서 보낸다. 사람들은 모두가 이런 작은 범위를 벗어나지 못 한다"고 말하고 있다.[11]

하이데거가 얘기했던 것도 세속적 가치에 대한 집착을 끊어야 불안을 맞을 수 있다는 것이다. 하이데거에게 불안이란 "진정한 자기를 상실하고 살면서 다른 인간과 경쟁하는 가운데 세상 사람으로서의 삶이 허망하다고 느껴지는 기분"이다. 세속적 욕망을 이루기 위해 사람들과 경쟁하며 살지만, 진정한 의미의 자기를 잃어버리게 되고 허망함만이 남게 된다. 이것은 하이데거에게 있어서 '비본래적인 실존'이다. 하이데거는 불안을 피하지 말고 흔쾌히 받아들이라고 말한다. 그 대신 자신의 존재에 대한 관심을 잃게 만드는 세속적 가치에 대한 집착을 끊을 것을 우리에게 권고한다.[12]

사람에게 필요한 땅은 많지 않다

톨스토이Lev Nikolayevich Tolstoy, 1828-1910의 단편 「사람에게는 얼마만큼의 땅이 필요한가」[13]는 욕망의 질주를 하다가 죽어간 삶의 얘기를 담고 있다. 도시에 사는 언니와 시골에 사는 아우가 만나 수다를 떨게 되었다. 언니는 도시 생활을 떠벌리며 거드름을 피운다. 기분이 상한 동생은 자기의 삶을 언니의 삶과 바꾸지 않을 것이라며 농민의 삶에 대한 자부심을 말한다. 시골에 사는 여동생의 남편 빠홈은 두 사람의 대화를 듣다가 "우리의 고충은 땅이 적다는 거지! 땅이 많다면 난 그 누구도, 심지어는 악마도 무서워하지 않으련만!"이라 말하는데, 악마가 이 얘기를 다 듣고는 "좋아. 우리 한번 겨뤄보자고. 네게 땅을 많이 주마. 그리고 난 그 땅으로 너를 굴복시킬 거야"라고 마음먹는다.

그 뒤 빠홈이 사는 마을의 지주가 땅을 내놨고, 농부들은 악질이었던 관리인이 그 땅을 사들이는 것을 막기 위해 돈을 모아 땅을 조금씩 산다. 빠홈도 빚을 내어서 땅을 샀는데, 농사가 잘되어 빌렸던 돈도 다 갚게 된다. 여분의 돈도 모았다. 어디 땅을 더 살데 없나 알아보던 빠홈은 한 상인에게서 멀리 바쉬끼르 지역에 가면 아주 싼 가격에 얼마든지 땅을 살 수 있다는 얘기를 듣고 그곳으로 떠난다. 땅을 사고 싶다는 빠홈에게 그곳의 촌장은 '하루에 1천 루블'이라고 값을 말한다. 빠홈이 하루동안 돌아다닌 땅이 그의 것이 된다며. 단, 해가 지기까지 아침에 출발한 장소로 돌아오지 못하면 돈을 잃게 된다는 조건을 달았다.

설레임에 잠을 이루지 못했던 빠홈은 동이 트자마자 걷기 시작한다. 더 넓은 땅을 자기 것으로 하기 위해 걷고 또 걸었다. 힘들었지만 "조금만 더 견디면 평생 호강한다"는 일념으로. 해가 질 시간이 되어가고 있지만 돌아갈 길이 너무 멀었다. 빠홈은 기진맥진했지만 해는 기다려주지 않고 점점 더 저물어갔다. 힘들었지만 속도를 냈고 마침내 뛰기 시작했다. 빠홈은 힘들어서 못 견딜 것 같았고, 이러다가 죽겠다는 생각을 했다. 출발지에서 기다리던 촌장 앞에서 빠홈은 다리에 힘이 풀려 넘어졌다. 촌장이 소리쳤다. "넓은 땅을 갖게 되었군!" 그때 빠흠의 입에서는 피가 쏟아져 나왔고 그는 시체가 되어 쓰러졌다. 일꾼이 삽을 들고 빠흠의 무덤을 파서 그를 묻었다. 머리에서 발끝까지 그가 차지한 땅은 결국 2미터 남짓이었다.

끝없는 욕망은 스스로를 죽게 만들었다. 인간에게 욕망은 자연스러운 정서이지만, 그것이 끝을 모르는 탐욕이 되어버렸을 때 우리는 노예가 되고 자유를 잃게 된다. 아니, 빠흠처럼 죽게될 지도 모른다.

다음의 그림은 네덜란드 화가 고흐Vincent van Gogh, 1853-1890의 〈감자 먹는 사람들〉이다. 램프 불빛 아래에서 감자를 먹고 있는 사람들의 손을 보라. 고흐는 땅을 판 그 손으로 정직하게 노력해서 얻은 식사를 하고 있는 농부들의 모습을 그리고 있다. 이들의 손과 얼굴은 아직 흙이 묻어있는 듯 거칠고 투박하다. 하지만 이들의 유난히도

빈센트 반 고흐 〈감자 먹는 사람들〉 1885

선한 눈에는 노동을 통해 얻은 감자를 먹고 있는 평화로움이 가득하
다. 농부들의 거칠고 투박함을 그대로 살려낸 이 그림이 오히려 따
뜻하게 느껴지는 이유는 무엇일까.

고흐는 동생 테오에게 보낸 편지에서 이 그림에서 농부들의 모습
을 있는 그대로 그린 이유를 이렇게 설명한다.

> 농부의 삶을 담은 그림을 전통적인 방식으로 세련되게 그리는 것은 잘못
> 이다. 농촌 그림이 베이컨, 연기, 찐 감자냄새를 풍긴다고 해서 비정상적
> 인 게 아니다. 마구간 그림이 거름 때문에 악취를 풍긴다면 **훌륭**하다고 해
> 야겠지. 바로 그게 마구간이니까. 밭에서 잘 익은 옥수수나 감자냄새, 비
> 료냄새, 거름냄새가 난다면 지극히 건강한 것이지. 특히 도시에 사는 사
> 람들한테는 더욱 그렇다. 그런 그림이 그들에게는 도움이 될지도 모른다.
> 그러나 어떤 일이 있어도 농촌 생활을 다룬 그림에서 향수냄새가 나서는
> 안 된다.[14]

그림에서 나타나는 사람들은 가난한 현실 속에서도 인간애를 잃지
않고 살아가고 있는 표정들이다. 삶이 아름다운 것은 반드시 향수
냄새가 나고 겉모습이 세련되었을 때만 가능한 것은 아닐 게다. 때
로는 겉모습은 거칠어 보이더라도 마음의 평화를 누리며 살 수 있는
삶들이 있는 법이다. 겉보기에 화려한 것이 곧 행복은 아니다.

독방에서 나와서 손잡아라

불안은 혼자 참고 견디는 것이 능사가 아니다. 자기가 감당할 수 있는 불안이라면 내면에서 껴안아야 하겠지만, 자신이 견디기 어려울 정도로 불안하다면 자신의 손을 잡아줄 사람을 찾아 나서야 한다. 자기의 불안한 마음을 들어주고 이해해주고, 그리하여 자신을 붙잡아줄 사람을 만날 필요가 있다. 그것이 가족, 친구, 선배, 혹은 누구라도 상관없다. 가다가 길을 잃으면, 그런데 길이 보이지 않으면 지나가던 사람에게 길을 묻는 것이 당연한 일 아닌가. 결국 자기만의 울타리를 넘어 타자와 만나야 한다. 나를 고립시킨 것은 어쩌면 세상일지도 모르지만, 그 고립으로부터 탈출하여 세상 속의 나를 만들어가는 것은 나의 선택에 달려있다. 불안을 독방으로 갖고 들어가지 말자. 다른 사람들에게 말을 걸어라. 손잡을 때 불안은 감당 가능해진다.

더구나 내가 겪고 있는 불안이 내 바깥의 세계로부터 강제된 사회적 불안일 때, 이는 사회의 변화를 통해서만 근원적으로 해소될 수 있다. 이것이야말로 혼자서는 해결할 수 없는 문제이다. 그 불안의 정체를 자각한 사람들이 손을 잡음으로써만 그 변화는 가능하다. 내가 겪고 있는 이 잘못된 결과는 모두 나의 탓인가? 노력해도 성취하기 어려운 사회의 산물인 경우도 많을 것이다. 다만 그것이 보이지 않을 뿐이다.

내가 살고 있는 사회가 달라지지 않는다면, 나의 성취, 아니 내 자식들의 성취는 영영 마음대로 되지 않을 것이다. 함께 우리의 불안을 해소하기 위해 손잡아야 한다. 불어오는 바람 앞에 흔들리지 않는 나무가 어디 있고, 불확실한 미래 앞에 불안하지 않은 삶이 어디 있겠는가. 불안을 불안해하기보다는, 불안을 받아들이며 다스리려는 나의 노력이 필요하다. 우리는 불안과 이별할 수 없다. 불안과 마주하며 화해하여 나의 것으로 만드는 수밖에 없다.

3장
잃어버린 나를 찾아서

"어느 누구도 네게 삶의 강을 건너게 해줄 다리를 세워주지 않는다.
오로지 너 혼자만이 그럴 수 있다."

– 프리드리히 니체, 『반시대적 고찰Ⅲ』

이렇게 살아도
되는 걸까

3장 잃어버린 나를 찾아서

　　불안하고 어려운 시대를 견뎌내기 위해서는 결국 내가 튼튼해야 한다. 나는 그것이 가능할까. 나는 흔들리거나 주저앉지 않고 견뎌낼 수 있을까. 한 시대를 사는 어려움은 결국은 자신에 대한 질문으로 연결된다. 나는 어떠한 존재이며, 나는 어디로 가려하는 것인가. 그래서일까. 서점에 가보면 "나는 누구인가?"라고 묻는 책 제목들이 눈에 들어온다. 이곳저곳에서 진행되는 강좌에서도 비슷한 질문이 등장한다. 사람들은 왜 새삼스럽게 그런 질문을 던지고 들으려 하는가. 아직도 자신이 누구인지 모르고 살고 있단 말인가.

　나이가 들어서야 '나는 누구인가'에 대한 답을 찾아 나선다는 것은 '나'를 잃어버렸다는 얘기이다. 그래서 이제라도 자신을 찾고 싶어 하는 간절한 욕구가 그 질문 속에서 담겨져 있다. 우리는 어떻게 하다가 자신을 잃어버렸던 것일까. 살기 위해, 아니 살아남기 위해 너무도 정신없이 달려왔다. 이제야 잃어버린 나의 빈 자리가 눈에 들어온다.

　한숨을 돌릴 여유를 갖게 되어 그런 것은 아니다. 어차피 언제 끝날지 기약조차 할 수 없는 숨 가쁜 삶, 늦었지만 이제라도 나를 찾지 못하면 언젠가는 영영 후회할 것만 같은 두려움이 엄습해오기 때문이다. 내가 누구인지 묻는다는 것은 여유를 즐기는 정신적 사치도, 고상한척 하려는 도덕적 댄디즘*도 아니다. 그것은 대부분 절박함이 낳은 애타는 호소이다.

'나는 누구인가'라는 질문

'나는 누구인가'라는 존재론적 질문을 던질 수 있는 것은 지구 상에서 인간 밖에 없다. 인간에게는 삶과 죽음을 생각하며 그 사이에 놓인 자신의 현재를 생각할 수 있는 능력이 있다. 프랑스 화가 고갱Paul Gauguin, 1848-1903은 대표작 〈우리는 어디서 왔는가, 우리는 무엇인가, 우리는 어디로 가는가〉Where Do We Come From, What Are We, Where Are We Going를 통해 인간의 삶의 행로를 그렸다.

고갱은 이 그림을 오른쪽부터 시작해서 왼쪽으로 가면서 보기를 주문한다. 그림의 가장 오른쪽에는 조용히 잠들어 있는 아기와 젊은 세 여인이 있다. '우리는 어디서 왔는가?'에 해당되는 부분이다. 그림의 중앙에는 두 팔을 올려 과일을 따고 있는 젊은이, 과일을 먹고 있는 여성이 그려져 있다. 개인의 자아인식을 통해 삶에 대한 이해

---

* 댄디즘(dandyism)은 19세기 초 영국, 프랑스 상류층 사이에서 있었던 사조로, 자신의 겉모습을 치장하여 사람들에게 과시하는 태도를 말한다.

폴 고갱 〈우리는 어디서 왔는가, 우리는 무엇인가, 우리는 어디로 가는가〉 1897

와 노력을 하고 있는, '우리는 무엇인가?'에 해당되는 부분이다. 그리고 그림의 가장 왼쪽에는 죽음을 기다리는 듯이 고통과 절망에 찌든 모습으로 앉아 있는 노파가 있다. '우리는 어디로 가는가?'에 해당되는 모습이다. 고갱은 이 작품을 통해 인간이 태어나서 가는 길을 하나의 긴 화폭에 담았다.[1) 우리는 모두가 이렇게 태어나고 늙어간다.

  이 그림은 고갱이 자살을 마음먹고서 그린 것으로 알려져 있다. 작품을 그린 1897년 무렵 고갱은 대단히 어려운 지경에 처해있었다. 머물 줄 모르는 영혼 고갱은 파리의 대도시를 떠나 원시의 타히티로 갔지만, 점차 버티기 어려운 상황으로 빠져들어 갔다. 매독과 급성 심근경색증으로 육체적 고통을 겪었고, 탁월한 예술성을 보여주리라 기대했던 딸 알린이 자살을 했다는 소식이 담긴 편지를 받았다. 게다가 돈도 다 떨어져 경제적 궁핍에 몰리게 되었다. "내 그림을 팔아줄 사람도, 먹을 거라도 사게 보증서줄 사람도 없네. 내가 어떻게 계속할 수 있겠나? 죽음 말고는 희망이 없어. 그것만이 이 모든 것으로부터 나를 해방시켜줄 걸세"라고 몽프레에게 토로하던 고갱은 이 그림을 완성하고는 타이티의 파페에테 뒤 쪽에 있는 산으로 올라간다.

죽으려고 미리 준비해두었던 비소도 챙겨갔지만, 너무 많은 양의 비소를 복용하여 곧바로 토했고 사망에 이르지는 않은 채 산을 내려올 수 있었다. 그렇게 죽기로 마음을 먹고 그린 것이 이 작품이었기에 고갱은 혼신의 힘을 다했다. "죽기 전에 다시 한 번 내 모든 에너지를 이 그림에 불어넣었다"고까지 했던 고갱은, 이 그림이 "복음서와 비교되기를" 희망했다.

하지만 고갱은 그림에 등장하는 인물들을 설명하거나 묘사하지 않았다. 보는 사람이 의미를 연상하도록 만드는 알레고리였다. 이 그림에서 어떤 사람은 삶의 파란만장한 다채로움을 느낄 것이며, 어떤 사람은 결국은 찌들고 죽음으로 가는 삶의 덧없음을 떠올릴 것이다. 인간이 태어나서 죽을 때까지 삶의 모든 기간에 걸쳐 등장하는 다양한 활동 모습이 하나의 그림에 담겨져 있으니 저마다 받아들임이 다를 수밖에 없다. 이처럼 인간의 존재는 무엇이라 한마디로 설명하는 것 자체가 불가능한 일이다. '나는 누구인가'라는 질문에 대한 하나의 답은 예술과 철학의 영역에서는 존재하기 어렵다.

인간의 자유 의지는 어디까지 가능한가

하지만 고갱이 인간은 어디서 왔는가를 묻기 이전에, 생물학자 찰스 다윈Charles Darwin, 1809~1882은 생명과 인간의 유래를 과학적으로 설명했다.[2] 다윈에게 인간이란 하등 동물이 진화하여 만들어진 존재였다.

탐험선 비글호에서 5년 간의 항해를 마치고 돌아온 다윈은 자연선택을 통해 새로운 종種이 진화한다는 진화론을 세상에 내놓았다. 자연계의 생물은 다산多産에 의해 생존경쟁이 일어나는데, 환경에 대해 유리한 변이를 가진 개체만이 생존하고 그 외에는 도태되는 적자생존이 일어난다. 이같은 과정을 거친 생물의 형질변이가 여러 세대를 거치면서 축적되어 진화가 일어난다는 것이 다윈의 설명이었다. 신이라는 초자연적인 지성의 설계에 의해 창조된 것으로 간주되었던 생명은 이제 생물학적 진화의 과정으로 대체되었다. 니체가 철학과 신학을 향해 '신은 죽었다'고 선언했다면, 그 이전에 다윈은 창조론을 향해 신이 죽었음을 선언한 셈이다.

인간의 기원에 대한 다윈의 설명은 그로부터 12년 후에 출간된 『인간의 유래와 성선택』을 통해 본격적으로 이루어진다.[3] 다윈에 따르면 인간은 다른 하등 동물에서 유래되었지 신에 의해 창조되지 않았다. 그렇다면 인간의 높은 지적 능력과 도덕적 자질은 도대체 어떻게 설명될 수 있는 것일까. 변이의 유전에 따라 동물 간에 정신능력의 차이가 생기는 것은 불가능한 사건이 아니라며, 인간은 언어도 사용하고 여러 사회적 습성 덕분에 모든 생물체 가운데 가장 우수해질 수 있었다고 다윈은 설명한다. 또한 인간은 사회적 본능을 갖고

있는데 가족 간의 유대에 기초한 사랑과 공감의 감정 속에서 도덕적 자질이 형성된다.[4]

인간의 정신조차도 다윈에 의해 생물학적 진화의 과정으로 설명이 되어버린 것이다. 이렇듯 과학의 영역으로 오면 인간의 본성과 기원에 관한 설명은 인문학과는 전혀 달라진다. 여기서 우리는 철학이 그토록 강조해왔던 인간의 자유 의지가 어디까지 가능할 것인가에 대한 문제에 부딪히게 된다.

지난 20세기를 풍미했던 '빈 서판'blank slate론*에 대한 비판을 통해 이 문제를 이해할 수 있다. '빈 서판'론은 인간에게 유전적인 요인이 전혀 영향을 끼치지 않으며, 인간 본성이란 아무 것도 없는 백지 상태임을 주장해왔다. 그러나 진화심리학자 스티브 핑커Steven Pinker는 인간 본성을 부정해온 '빈 서판'론을 비판한다.[5] 핑커에 따르면 빈 서판은 사회나 자신이 인간의 마음 위에 원하는 것을 마음대로 새겨 넣을 수 있다는 개념이다. 그렇다면 인간은 모두 똑같이 백지 상태로 태어나 환경 속에서 양육되며 만들어지는 존재가 되는 것이다.

빈 서판은 사람들이 여러 차별 앞에서 성급한 운명론에 빠지지 않고 사회적 병폐에 적극 맞서게 했다는 점을 핑커는 인정한다. 하지만 전체주의적 체제는 그 공백을 채운다는 구실로 교육, 양육, 예술을 사회 개조를 위한 도구로 악용했고, 그래서 빈 서판은 전체주의로부터의 대학살을 막지 못했다. 빈 서판은 일반인들의 삶에도 피해

* '빈 서판'은 '깨끗이 닦아낸 서판(scraped tablet)'이라는 뜻의 중세 라틴어 '타불라 라사(tabula rasa)'를 의역한 말이다. 빈 서판 이론은 20세기 인문사회 분야의 지식인들에게서 풍미했다.

를 입히고 있다. 부모가 자식을 점토처럼 반죽해낼 수 있다는 이론은 부모들에게 부자연스럽고 때로는 잔인하기까지 한 양육 체제를 강요해왔다. 그래서 핑커는 "빈 서판은 우리의 보편적 인간성, 선천적 관심사, 개인적 선호를 부인하는 비인간적 이론"이라 비판한다. 마음, 뇌, 유전자, 진화를 연구하는 현대 과학은 빈 서판이 그릇된 이론임을 갈수록 분명히 보여주고 있다는 설명이다.

과학에 대한 인문학의 시선

실제로 20세기 들어 현대 생물학, 뇌과학 등은 인간 본성의 존재를 과학적으로 규명해 내기 위해 많은 노력을 기울여왔다.[6] 인간의 정신과 마음을 순수한 자유 의지의 산물로만 보던 인문학의 시각은 현실 적응력을 상당 부분 잃게 되었다.

과학저술가 에드워드 윌슨Edward Wilson, 1929-의『지구의 정복자』는 인간이 만들어진 조건의 기원을 과학적인 관점에서 설명하고 있다. 그는 과학적 관점에 기초해야만 인간 조건의 수수께끼를 풀 수 있는 방법을 손에 넣을 수 있다고 강조한다.[7]

일부 철학자들은 여전히 인간만이 자유 의지를 지닌다는 주장을 편다. 자유 의지는 대뇌 피질에 독립된 행동이라는 착각을 일으키는, 뇌의 무의식적 의사 결정 중추의 산물이다. 의식의 물질적 과정이 과학 연구를 통해 더 상세히 규명됨에 따라, 자유 의지라고 직관적으로 꼬리표를 붙일 수 있는 현상은 점점 더 줄어들고 있다. 우리는 독립된 존재로서는 자유롭지만, 우리의 결정은 자신의 뇌와 마음을 만들어 낸 모든 유기적 과정으로부터 자유롭지 못하다. 따라서 자유 의지는 결국 생물학적 문제인 듯하다.[8]

철학에서는 인간의 의지에 따른 정신 승리를 강조해왔지만, 과학자들에게는 인간의 자유 의지란 결국 생물학적 문제인 것이다. 하지만 과학의 시선으로 인간 본성을 설명했던 사람들도 유전자 결정론에 갇혀 인간 본성을 고정불변의 것으로 간주했던 것은 아니다. 유전자가 인간의 모든 것을 결정해 버리고 만다면, 후천적으로 문화와 환경 속에서 만들어지는 인간의 다양한 모습은 설명될 수가 없기 때문이다.

"우리는 어디서 왔는가, 우리는 무엇인가, 우리는 어디로 가는가"라는 고갱의 질문으로 『지구의 정복자』를 시작했던 윌슨은 종교, 예술, 철학 등으로는 그 질문에 대한 답을 찾을 수 없다고 말한다. 하지만 윌슨이 인문학을 버려야 한다고 생각한 것은 아니다. 그는 다시 고갱을 향한 말로 책을 끝낸다. "당신은 대단한 삶을 산 것입니다. 결코 헛 산 것이 아닙니다. 우리는 지금 합리적 분석과 예술을 통합하고 과학과 인문학을 동등하게 결합함으로써 당신이 추구한 답에 더 가까이 다가가고 있습니다." 그가 주문했던 것은 인간 조건을 이해하기 위한 과학과 인문학의 결합이었다.

과학저술가 매트 리들리Matt Ridley도 '본성 대 양육'nature vs. nurture의 이분법에서 벗어나 '양육을 통한 본성'nature via nurture으로 결합해서 이해할 것을 제시한다.[9] 여기서 '본성'은 타고난 유전적 요인을, '양육'은 환경 속에서 만들어진 요인을 의미한다. 본성과 양육을 논쟁하던 사람들은 상대방을 인정하지 않았는데, 실제로 보면 유전자는 양육에 의존하고, 양육은 유전자에 의존한다는 것이다. 인간은 본성을 갖고 태어나기도 하고, 양육에 의해 만들어지기도 하는 존재인 것이다.

이렇듯 오늘날 유전자와 뇌에 대한 과학적 연구를 외면한 채 인간의 자유 의지만을 강조하는 인문학의 시선은 일면적일 수밖에 없다. 고갱이 던진 존재론적 질문에 대해 과학은 철학이 규명할 수 없던 새로운 대답들을 내놓았고, 과학자들은 인문학이 과학의 성과들을 수용해야 함을 말하고 있다. 타당한 얘기이다. 하지만 그렇다고 인간이 살아가면서 자신을 만들어가는 능력을 부정한다면 우리는 모든 인간을 불변의 동일한 존재로 보는 우를 범하게 된다. 그래서 인간 조건을 규명하는 현대 과학의 성과에도 불구하고 인간이 갖는 자유 의지의 중요성은 퇴색되지 않는다.

물론 내가 아무리 삶의 투혼을 불사르며 자유 의지의 힘을 보이려해도, 나에게 주어진 생물학적 한계를 넘어설 수는 없는 일이다. 정신을 놓지 않으려는 나의 의지는 치매라는 병 앞에서는 생물학적 한계를 받아들일 수밖에 없다. 태어나서 나이 먹고 병들며 언젠가는 죽어가는 인간에게는 넘어설 수 없는 태생적 한계가 주어져 있다. 우리는 그 한계를 겸손하게 받아들이면서, 그래도 나의 힘으로 인간답게 살 수 있는 길이 무엇인지를 찾고자 하는 것이다. 인간의 자유의지에는 숙명적 한계가 주어져 있지만, 그래도 우리에게는 인간으로서 살아있음을 확인하는 소중한 것이 자유 의지이다. 우리는 '나'라는 인간을 이렇게 균형적인 시선으로 바라볼 필요가 있다.

어느 것이 진짜 내 얼굴인가

이제 나를 찾아보자. 다음에 세 개의 그림이 있다. 전혀 달라 보이는 이 그림에 등장하는 인물은 사실은 한 사람이다. 세 그림 모두가 프랑스 여류화가였던 수잔 발라동Suzanne Valadon, 1865-1938을 그린 것이다. 발라동은 당시 밑바닥 직업이었던 세탁부의 사생아로 태어나서 무척 어려운 생활을 하며 살았다. 다섯 살 때부터 생업에 뛰어들어 청소부, 직공, 양재사 등 갖가지 힘든 일들을 해야 했다. 아홉 살 때 비교적 안정된 서커스단의 곡예사가 되었지만 곡예 도중 말에서 떨어져 부상을 입게 되어 서커스단에서 쫓겨난다. 16세의 발라동은 살길이 막막해졌고 당시 빈민가인 몽마르트로 흘러들어가 화가들의 모델로 일하게 된다.

모델이 된 그녀는 샤반, 르누아르, 로트렉과 같은 당시 이름을 떨쳤던 인상주의 화가들의 그림 속 주인공이 된다. 특히 르누아르와 로트렉이 그녀를 많이 그렸고, 발라동은 두 사람과 각기 사랑을 나누는 관계가 되기도 했다. 한창 르누아르의 모델로 활동하던 1883년 발라동이 아버지가 누군지 모르는 아들을 낳았을 때 사람들은 르누아르의 아이가 틀림없다고 이야기 해댔다. 어머니가 그랬듯이 사생아로 태어난 아이가 모리스 위트릴로였는데, 나중에 역시 화가가 된다. 그런데 발라동은 마흔 여덟이 되던 해에 아들의 친구이자 스물한 살 연하인 화가 앙드레 우터와 결혼한다. 아무튼 끊임없이 사랑을 갈구했던 발라동이었다.

세 개의 그림 가운데 왼쪽 그림은 르누아르가 발라동을 그린 것인

로트렉 〈술마시는 여인〉 1887

르누아르 〈도시의 무도회〉 1883

수잔 발라동 〈자화상〉 1917

데, 요염해 보이기까지 하는 꽃다운 여성으로 그려져 있다. 르누아르가 그린 걸작 가운데 하나인 〈도시의 무도회〉에서 볼에 홍조를 띤 채 남성 파트너의 어깨에 매달려 춤추는, 순진해 보이는 아가씨가 바로 발라동이다. 그러나 이 발라동은 불우하고 힘든 인생을 살아왔던 발라동의 그늘을 담아내지 못하고 있다. 이것은 발라동이 아니다. 오른쪽 위 그림은 로트렉이 그린 발라동인데, 술 속에서 세상의 모든 것을 알아버린 듯한 성숙한 여인이 담겨있다. 몽마르트에서 실패하고 낙오한 사람들에게 관심을 많이 갖고 그림에 담았던 로트렉이 그린 발라동의 시선은 공허하고 표정은 찌들어있다. 이 역시 발라동의 내면을 제대로 그려내지는 못했다는 평을 듣는다.

그런데 발라동은 모델을 하면서 어깨 너머로 그림을 배웠다. 특히 그녀의 재능을 간파한 로트렉이 소묘의 대가인 드가Edgar Degas에게 소개한다. 발라동은 드가의 모델이자 문하생으로 체계적인 미술 교육을 받을 기회를 갖게 되어 화가로서의 재능을 살릴 수 있게 되었다. 그래서 오른쪽 아래 그림이 화가가 된 발라동이 직접 그린 자화상이다. 이 그림에 나타난 발라동은 앞의 작품들과 다르다. 그림 속 그녀의 눈에는 삶의 역정을 드러내는 듯한 많은 생각들이 담겨있다. 더 이상 남성 화가들에 의해 정형화된 자신이 아니라, 자기의식을 갖고 정면으로 세상을 응시하고 있는 주체를 발견하게 된다.

사람들은 저마다 자기의 시선으로 서로 다른 나를 그려낸다. 하지만 타인의 시선으로 그린 나의 얼굴에는 진짜 나의 내면이 담겨지기 어렵다. 타인은 외부에서 볼 수 있는 나의 모습을 화폭에 담아낼 뿐, 나의 삶이 만들어낸 표정을 그려내기는 쉽지 않다. 나 이상으로 나의 내면을 그려낼 수 있는 사람은 없을지 모른다.

하지만 여기서 고민스러운 지점을 만나게 된다. 타인이 나의 겉모습만 보고서 나를 판단하는 것도 한계가 명확하지만, 반대로 나는 자신에 대해 얼마나 객관적 시선을 유지할 수 있을 것인가. 무엇보다 나는 자신을 얼마나 알고 있는 것일까. 다른 사람들이 보는 나, 그리고 내가 생각하는 나 사이에 간극이 크다면 과연 어떤 것이 옳은 것일까. 나의 정체성은 다른 누가 아니라 내가 판단하는 것이 맞는 것이지만, 나에게는 스스로를 얼마나 객관화할 수 있을 것인가에 대한 숙제가 남게 된다.

페르소나 뒤에 숨어있는 내 얼굴

사실은 나 자신도 나의 얼굴을 제대로 볼 수 없는지 모른다. 요하네스 검프Johanness Gumpp의 작품 〈자화상〉은 '나를 볼 수 없는 불안'을 표현하고 있다. 철학자 장-뤽 낭시Jean-Luc Nancy의 설명이다. 나는 거울을 보면서 자화상을 그리고 있다. 이 그림에는 세 명의 내가 등장한다. 뒷모습만 나오며 그림을 그리고 있는 나, 거울 속에 옆모

요하네스 검프 〈자화상〉 1646

습이 비쳐진 나, 그리고 캔버스 위에 그려지고 있는 나. 그런데 나는 진짜 나를 볼 수가 없다. 내가 그림을 그리기 위해 보는 것은 실제의 내가 아니라 거울 속에 비쳐진 나이다.

그래서 내가 캔버스 위에 그리고 있는 것은 진짜 내가 아니라 거울에 있는 나이다. 내가 캔버스 위에 붓을 움직일 때 이미 고개는 거울 방향에서 떠났기에, 그것은 기억에 의존하는 나 일 수밖에 없다. 나는 거울에 비쳐진 나를 그리면서, 그것도 내가 표현하고 싶은 나의 모습을 캔버스에 담게 된다. 결국 실제의 나, 거울 속의 나, 캔버스 위의 나는 각기 존재하게 된다. 나는 자화상을 그렸지만 캔버스에 그려진 나는 아직 내가 아니고, 내가 보는 것은 모방된 나일뿐이다. 실제의 나와 캔버스에 그려진 나 사이의 균열, 즉 주체의 균열이 여기서 발생하게 된다. 어느 것이 진짜 나인가. 여러 개의 내가 있는 가운데서, 내가 누구인가를 아는 것은 그만큼 어려운 일이다.

셰익스피어의 『햄릿』에는 두 개의 자아가 충돌하는 주인공 햄릿의 모습이 나타난다. 하나는 주저하며 고뇌를 반복하는 햄릿이다. 이 햄릿은 아버지의 유령이 당부한 복수를 실행에 옮기지 못한 채 시간을 끌며 고민하는 유약한 모습을 보인다.

> 그런데 난
> 무디고 멍청한 놈으로 기둥서방처럼
> 의기소침하여, 내 명분에는 무심한 채
> 한마디도 못 한다. 못해 그의 왕국과
> 가장 귀한 생명이 흉칙스레 파멸당한

그런 왕을 위해서도, 나는 겁쟁이인가?[10)
이 무슨 못난이란 말인가! 거, 참으로 장하다.
고귀한 부친이 살해당한 아들, 천국과
지옥으로부터 복수를 재촉 받은 내가
창녀처럼 말로만 내 가슴을 비우고,
순 잡년 잡놈처럼 저주를 퍼붓다니![11)

　자기가 해야 할 복수의 '선과 악' 양면성을 인식하고 고뇌하는 모습이다. 사람들에게 미친 척 하는 햄릿은 마침내 "사느냐, 죽느냐, 그것이 문제로다"라는 독백을 통해 복수에 나서지도 못하고 그렇다고 가만히 있을 수도 없는 자신의 처지를 말한다. "어느 게 더 고귀한가. 난폭한 운명의 돌팔매와 화살을 맞는 건가, 아니면 무기 들고 고해와 대항하여 싸우다가 끝장을 내는 건가"라며 자신의 복수에 대한 주저함을 드러낸다.

　그러나 막상 복수를 행하려 나선 햄릿은 유약한 그가 아니었다. 햄릿은 자신의 방에서 기도하고 있던 왕 클로디어스를 발견하지만 그를 죽이지 않는다. 죄인을 기도 중에 죽이면 천국에 가게 되기에 그렇게 할 수는 없다며 복수를 미룬다. 햄릿이 이때 복수를 미룬 것을 갖고 흔히 기회를 놓친 유약함이라고 해석도 하지만, 오히려 클로디어스를 지옥으로 보내고야 말겠다는 강한 의지가 담긴 판단이라 읽을 수 있다. 그리고 왕비 거트루드의 방에서 말다툼을 하던 햄릿은 벽걸이 천 뒤에 누군가 숨어있음을 느끼고 단칼에 그를 찌른다. 그러나 그가 죽인 것은 클로디어스가 아니라 사랑하는 오필리아의 아버지인 폴로니어스였다. 햄릿은 즉시 시체를 치워 은폐를 한다. 이 햄릿은 이전에 보였던 주저하고 고민하는 햄릿이 아니었다.

햄릿은 이렇게 두 개의 자아를 가진 인물로 등장한다. 그러나 두 개의 자아는 그냥 충돌하는 것으로 방치되지 않는다. 복수의 선과 악 양면성 사이에서 고뇌하던 햄릿은 분명한 자기 인식의 과정을 거치며 복수의 필요성을 자신의 것으로 분명히 한다. 아버지 유령의 말이 사실인지에 대한 의심이 남아있던 햄릿은 독살장면이 담긴 연극을 클로디어스가 보게 했고, 그 장면을 보던 클로디어스가 자리를 박차고 나가는 것을 보고는, 유령의 말이 사실이었음을 확인하게 된다. 복수는 더 이상 유령의 당부가 아니라 햄릿 스스로가 인식한 결과, 즉 햄릿 자신의 것이 된다. 햄릿에게 있었던 두 개의 자아는 이런 과정을 거치면서 분열을 넘어설 수 있게 된다.

우리는 여러 개의 얼굴을 갖고 살아간다. 자기의 얼굴을 숨기기도 한다. 그래서 현실 속에서 페르소나persona를 낳는다. 원래 페르소나는 그리스의 고대극에서 배우들이 쓰던 가면을 일컫는 것인데, 심리학자 융Carl Gustav Jung, 1875-1961이 만든 이론에 쓰이는 심리학적 용어가 되었다. 융은 인간은 천 개의 페르소나를 지니고 있어서 상황에 따라 적절한 페르소나를 쓰고 관계를 이루어 간다고 설명한다. 페르소나를 통해 개인은 생활 속에서 자신의 역할을 반영할 수 있고 자기 주변 세계와 상호관계를 성립할 수 있게 된다.

인간은 사회 속에서 페르소나 없이는 살아가기 어렵다. 사회 속에서 활동하면서 누구나 사회의 요구에 맞추어 어느 정도의 페르소나를 사용하며 살아간다. 아무 눈치 볼 것 없는 가족에게 보여주던 모습 그대로 직장이나 학교에 가서 행동하는 사람은 없을 것이다. 남의 시선을 의식해서 차림새도 신경 쓰고 말투도 달라지고, 타인에게 예의와 품격을 갖춘 태도를 보이는 것이 대부분의 사람들이다.

그렇다고 해서 페르소나가 너무 강해지면 자아를 상실하게 된다. 페르소나를 조절하지 못하면 나는 세상에 나가서 연기를 하는 존재가 되어버리고, 끝없는 연기를 하다가 지쳐버리게 된다. 내가 타인을 의식해서 언제까지 이렇게 가면을 쓰고 살아야 하는가에 대한 회의와 스트레스가 쌓이게 되고, 그것이 폭발했을 때 내가 무너져버릴 수도 있다. 우리는 문득 문득 페르소나 뒤에 있는 진정한 나의 얼굴을 보고 싶어 한다. 나를 들여다보려 하는 것이다.

정체성을 고백하지 않을 권리

이렇게 내가 나를 알기도 힘든데도, 우리는 타인들에 의해서 끊임없이 정체성에 대한 일방적 규정을 당하며 산다. 성공한 사람과 실패한 사람, 행복한 사람과 불행한 사람, 선한 사람과 악한 사람…하지만 겉으로 드러난 타인의 모습만 보고 그를 규정하는데 우리는 조심스러울 필요가 있다. 우리 삶에서 무엇이 성공이고 실패인지, 행복이고 불행인지, 선이고 악인지에 대한 절대적인 잣대란 없기에 그러하다. 사람마다 그 의미는 다를 수 있다. 우리가 그의 속을 들여다보기라도 한 것일까. 자기의 잣대를 절대시하며 타인을 함부로 규정할 수 없다. 그것은 인간에 대한 예의가 아니다.

개인의 정체성에 대한 폭력적 규정은 정치적 공론 시장에서도 심각하게 나타난 지 오래이다. 우리 사회는 오랜 세월동안 분단에 갇혀 살아왔다. 분단의 역사 속에서 우리 사회에는 이념적 이분법이

고착되어왔다. 세상에는 '좌' 아니면 '우' 밖에 없다는 생각이 득세했고, 우리 편이 아니면 적이라는 생각으로 연결되었다. 수많은 인간들이 갖고 있는 수많은 생각들은, 둘 가운데 하나로 분류되고 만다. 그 앞에서 인간의 다원성은 설 곳이 없다.

모든 인간을 둘로 나누려는 일방적인 규정의 폭력성도 문제이지만, 정체성의 선택에 대한 강요 또한 심각하다. 당신은 어느 편인가, 보수인가 진보인가, 여당 편인가 야당 편인가, 둘 가운데 하나를 선택할 것을 강요하는 이런 질문들이 익숙해진지도 오래이다. 이런 질문이 폭력적인 것은 두 가지 이유에서이다. 우선, 인간을 두 개의 편 가운데 하나인 존재로 단순화시키는 폭력이다. 인간의 머리 속에 담겨있는 정치적 사고는 왼쪽 끝부터 오른쪽 끝에 이르기까지, 수를 헤아릴 수 없을 만큼 다양하다. 저마다 고유하게 갖고 있는 정치적 이념이나 성향 같은 것을 어떻게 이것 아니면 저것, 이쪽 편 아니면 저쪽 편식으로 강요할 수 있는 것인가. 인간의 생각은 둘 가운데 하나를 강요받을 정도로 단순하지 않다.

이런 질문이 폭력적인 또 하나의 이유는 정체성에 대한 고백을 강요하고 있다는 사실이다. 질문의 대전제는 누구나 하나의 정체성을 가져야 한다는 것, 그리고 자신이 선택한 정체성을 타인 앞에서 진술해야 한다는 것이다. 누군가가 나의 정체성 혹은 이념을 물어왔을 때, 그런 질문에 답해야할 의무가 있는 것처럼 익숙해졌고 주눅이 들어왔다. 그러나 그것은 인간으로서 나의 권리를 내려놓는 모습이었다. 나는 그럴 의무가 없다. 답변하고 말고는 나의 자유이다. 나에게는 답변하지 않을 권리가 있다.

그래서 프랑스 철학자 데리다Jacques Derrida, 1930-2004는 개인이 어떠한 정체성도 갖지 않을 권리를 말한다.[12] 그는 민주주의의 본질적인 권리 중 하나로 '답변하지 않을 권리'를 꼽는다. 민주주의에서는 누구에게나 답변의 권리, 반론의 권리가 보장되어야 하지만, 그것만으로는 부족하며 동시에 답변하지 않을 권리도 필수적이라는 것이다. 여기서 '답변하지 않을 권리'란 법적인 문제에서 불리한 진술을 거부하거나 침묵할 수 있는 권리 같은 특수하고 제한된 권리만을 뜻하는 것이 아니다. '답변하지 않을 권리'란 그에 앞서 어떤 정체성을 갖지 않을 권리, 나에게 강요되는 정체성을 거부할 수 있는 권리를 뜻한다. 이것은 아무런 공동체에도 속하지 않을 권리, 익명적인 누군가로 존재할 권리, 비밀을 지닌 존재자로 살아갈 권리를 뜻한다.

이런 의미에서 데리다는 또한 "나는 가족의 일원이 아니다"je ne suis pas de la famille라고 말한다.

> '나는 나 자신을, 가족에 대한 나의 소속을 기초로 하여 정의하지 않는다'는 것을 의미합니다. 하지만 이는 좀더 비유적으로는 내가 어떤 집단의 일부도 아니라는 것, 나는 나 자신을 어떤 언어 공동체, 국민 공동체, 정치 정당 내지 어떤 종류의 집단이나 파벌, 어떤 철학적이거나 문학적인 학파와 동일시하지 않음을 뜻하기도 합니다.[13]

데리다는 "나를 '당신들 중 하나'로 간주하지 말라, '나를 당신들 가운데 하나로 셈하지 말라', 나는 항상 나의 자유를 유지하고 싶다"고 말한다. 그리고 어떤 사람이 가족의 일원일 때 그가 무리 속에서 자신을 잃게 되는 것을 우려한다. 끊임없이 개인의 정체성을 묻고 그에 대한 고백을 들으려 하는 사회의 집착증. 데리다는 그 같은 강요를 거부할 권리를 말하고 있는 것이다. 나를 강압하는 폭력 앞에 주눅 들지 말자. 너는 누구냐고 묻는다고 해서 내가 답변할 의무가 있는 것은 아니다. 침묵하는 것조차 나의 권리이다. 좀 더 당당할 필요가 있다.

'너 자신을 알라'는 말이 의미했던 것

이렇듯 내가 누구인지는 내가 판단하는 것이 우선이다. 그래서 자신을 들여다보려는 우리에게 떠오르는 말이 있다. "너 자신을 알라." 이 말을 꺼내면 소크라테스가 떠오를 정도로 익숙해진 잠언이다. 흔히 일상에서는 '너의 주제 파악을 하라'는 비아냥의 의미로 해석되기도 하고, 철학에서도 자기에 대한 성찰을 주문하는 격언으로 받아들여지곤 한다. 하지만 플라톤의 저작들에 나오는 소크라테스의 말들을 보면 그 이상의 깊은 의미를 담고 있었음을 알게 된다.

'너 자신을 알라'는 소크라테스가 한 말로 알려져 있지만, 사실은 델포이 신전에 쓰여져 있는 것을 소크라테스가 보고 와서 제자 알키비아데스Alkibiades, BC 450-BC 404로 추정에게 한 말이다. 고대 그리스 사회에서는 동성애가 흔한 일이었다고 하지만, 소크라테스도 동성애자였다. 그는 명문가의 부와 배경을 가진 17세 연하의 미소년 알키비아데스와 사랑을 나누는 관계였다. 그렇다고 인간의 성찰적 지향합일을 그토록 강조했던 소크라테스가 쾌락적인 사랑을 추구했던 것은 아니었다. 플라톤의 대화편 『향연』에는 알키비아데스가 스승 소크라테스와 둘 사이에 있었던 일을 동료들에게 말해준 내용이 나온다.

알키비아데스는 소크라테스의 마음을 사로잡아 자신을 성숙시킬 수 있는 깊은 얘기들을 전달받을 수 있는 관계로 발전하고 싶었던 것이 자기의 기대였다고 털어놓는다. 그래서 소크라테스에게 여러 차례 접촉하며 유혹을 시도했고 심지어 잠자리를 같이하여 육체적 유혹을 하는 상황까지 만들어 보았지만, 소크라테스는 그런 것에는 아무런 반응도 없었음을 밝힌다.

> 자 이보게들, 난 그분과 단둘이만 있었고 곧 그분이 사랑하는 소년 애인에게 내밀하게 나누는 바로 그 대화를 나와 나눌 것이라고 생각하면서 즐거워하고 있었네. 헌데 이 비슷한 어떤 일도 전혀 일어나지 않았네. 그저 그분은 늘 하시던 대로 나와 대화를 나눴고 그렇게 하루를 보내다가 떠나가셨네… 난 조금도 진전을 보지 못했거든. 이런 식으로는 도무지 되는 일이 없어서 나는 그 사나이를 육탄으로 덮쳐 보자고, 그러니까 일단 시작을 한 이상 포기할게 아니라 일이 어찌 되어 가는지 어서 알아보아야겠다고 결심하게 되었네.[14]

저녁 식사를 마친 뒤 소크라테스가 너무 늦었다고 떠나려 하자 너무 늦은 시간이라고 핑계를 대고 그를 붙잡아 함께 잠을 잤다는 얘기까지 털어놓는다. 하지만 그냥 잠만 자려는 소크라테스에게 알키비아데스는 "선생님은 제가 만난 사람 가운데 유일하게 저를 사랑하는 이가 될 만한 분이었다고 생각합니다. 그런데 그것에 대해 제게 말하는 걸 주저하시는 것 같습니다"라고 단도직입적으로 말한다. 하지만 소크라테스는 딴청을 부리듯이 "내가 실은 아무 것도 아닌 자인데 자네가 그걸 모르고 있는 건 아닐지 더 잘 살펴보게. 단언컨대 마음의 시각은 눈의 시각이 정점에서 내리막으로 접어들려 할 때 날

카롭게 보기 시작한다네. 그런데 자넨 아직 이런 것들에서 한참 떨어져 있네."

소크라테스는 알키비아데스에 대해 스승으로서의 본분을 잃지 않는 정신적 사랑을 했던 것이고, 육체적 사랑의 유혹에 빠지지 않았다. 아직은 어린 소년이 그럴 때가 아니라고 생각한 듯하다. 실제로 대화편 『알키비아데스 I 』에는 소크라테스가 알키비아데스에게 "나는 떠나는 사람이 아니라, 자네의 육체가 시들어서 다른 사람이 떠나더라도 곁에 남는 사람일세"라고 말하는 것이 나온다. '너 자신을 알라'는 말은 소크라테스가 이렇게 아꼈던 알키비아데스를 위해 들려주었던 말이다.

하지만 소크라테스는 사랑하는 알키비아데스를 위해 많은 가르침을 주었지만 그를 깨우치는데 결국 실패했다. 알키비아데스가 느닷없이 정치를 하겠다고 하자 소크라테스는 제대로 교육받기도 전에 정치에 달려드냐고 반문하며 그를 말린다. 그리고는 '너 자신을 알라'gnothi seauton는 말을 꺼낸다. "속 편한 친구, 부디 나의 말과 델피에 있는 글귀를 받아들여 자네 자신을 알도록 하게"라고.

이 말은 알키비아데스로 하여금 단순히 자신을 알라는 것이 아니라, 인간의 본질인 영혼을 이해하고 자신을 돌아보라는 의미를 담고 있다. 우리는 소크라테스의 말을 통해 '너 자신을 알라'는 의미가 인식론적인 차원을 넘어 윤리적 차원으로 확대되었음을 알 수 있다. 그러나 자신을 더 충분히 연마하고 정치를 하라는 소크라테스의 설득은 실패로 돌아갔고, 정치가 갖는 힘을 동경했던 알키비아데스는 정치무대에 뛰어들어 풍운아처럼 살다가 소크라테스가 독배를 받기 5년 전에 스승보다 먼저 세상을 떠나고 만다.

자기배려를 통해 자신을 돌보는 노력

이처럼 소크라테스가 '너 자신을 알라'는 말을 스스로를 돌보는 자기배려의 의미로 해석했음을 설명해주고 있는 것이 푸코의 후기 강의들이다. 푸코는 콜레주 드 프랑스Collège de France*에서 1981~2년에 했던 강의록 『주체의 해석학』에서 자기배려의 문제를 집중적으로 다루고 있다.

푸코에 따르면 델포이 신탁에 '너 자신을 알라'는 격언이 쓰여진 것은, 신의 견해를 들으러 온 사람들에게 스스로 검토하여 적절한 수의 질문만 하라는 의미였다.[15] 그러니까 자신이 알고 싶은 것에 대해서 스스로 주의를 기울여야 한다는 얘기이고, 달리 말하면 결코 도를 넘어서지 말 것, 그리고 처신함에 있어서도 지나침이 있어서는 안 됨을 사람들에게 당부하는 의미였다. 푸코는 소크라테스를 중심으로 등장하는 '너 자신을 알라'는 격언이 자기배려Epimeleia Heautou와 연결되고 접합된다고 설명한다.

자기배려는 자기 자신에 대한 배려이고, 자기 자신을 돌보는 행위이며, 자기 자신에 몰두하는 행위이다. 자기 자신을 배려한다는 것은 자신의 시선을 외부로부터 '내부'로 이동시키는 것을 내포하고 있다. 하지만 단순히 시선을 자기 자신에게로 돌림을 의미하지 않는다. 중요한 것은 인간이 '배려'라는 행동들을 통해 자신을 변형하고 정화하며 변모시킨다는 점이다. 푸코가 강조했던 것은 단순한 시선

---

* 프랑스 국립 고등 교육 기관. 콜레주 드 프랑스의 교수가 된다는 것은 프랑스 교육계에서는 큰 명예로 받아들여진다.

의 이동이 아니라, 그같은 배려의 행위를 통한 자기 변화였다. 단지 나를 인식하는데서 그치는 것이 아니라, 자신을 인식함으로써 스스로를 변화시켜 나가는 실천적 삶을 푸코는 말한 것이다.

푸코가 말한 자기배려의 진정한 의미는 우리의 아픈 곳을 건드리고 있다. 인식은 인식이고, 삶은 삶이 되는 것이 대다수 우리들의 모습이기 때문이다. 정의를 다룬 영화들에 관객들이 몰렸다. 부당한 권력에 맞선 인권변호사의 얘기를 다룬 〈변호인〉, 조국을 잃은 시대와 싸운 사람들의 이야기 〈암살〉, 나쁜 재벌2세를 통쾌하게 때려잡는 〈베테랑〉 같은 영화들을 천 만명이 넘는 관객들이 관람했다. 영화를 보며 정의롭지 못한 역사에 분노하고 정의로운 사람들의 활약에 공감했던 사람들은 그토록 많았지만, 우리가 사는 세상은 어째서 달라지지 못하고 있는 것일까. 영화 속에서의 불의에는 분노했던 우리가 막상 나의 삶으로 돌아와서는 아무 것도 달라지지 않았기 때문이 아닐까. 영화를 보면서 박수치던 나와, 이제 다시 생활의 공간으로 돌아온 나 사이의 균열이다. 공존과 연대, 그것을 위한 유연한 사고를 말하던 고故 신영복 선생의 책에는 감명을 받았다고 하면서, 막상 현실로 돌아와서는 생각이 다른 사람들을 공격하고 배타적 태도를 취하는 모습 또한 마찬가지의 자기 균열이다. 그렇다면 그 모든 감명들은 정작 나의 변화가 따르지 않는 무의미한 인식에 그칠 뿐이다.

푸코는 고대인들이 '나는 누구인가?'라는 질문을 결코 던지지 않았다는 사실을 발견해 낸다. 고대인들이 자기 자신에게 가해야 할 노력이 있었다면 그것은 결코 '자기 인식'의 작업이 아니었다. 그들이 물었던 것은 "나는 나를 무엇으로 만들어야 하는가?"였다. 그것은 발견해야 할 정체성의 문제가 아니라 실천해야 할 행동의 문제였다.

푸코는 주체가 인식만으로 진실에 닿을 수 있다고 이야기되는 순간을 바로 '데카르트의 순간'이라고 이야기하고 있다. 코기토를 말한 데카르트에게는 인식함으로써 모든 것이 끝나버리고 만다는 것이다. 그 '데카르트의 순간' 이후로 주체성의 역사에서 '자기배려'는 사라지고 '자기인식'의 역사만 남게 되었다고 푸코는 비판한다.[16] 이렇듯 푸코의 자기배려는 주체의 시선이 내부로 향하는데서 끝나지 않는다. 주체는 자신을 변화시킴으로서 새로운 비판적 실천으로 나아갈 토대를 구축하는 것이다.

진실의 용기와 도덕의 법칙

따라서 푸코가 권력비판의 장을 포기하고 개인적 윤리의 장으로 피신했다는 해석은 잘못이다. 그는 개인이 스스로와의 관계를 재정립하는 노력 속에서만 권력에 대한 궁극적 저항이 가능하다고 생각한 것이고, 자기배려와 실천에 입각해서 수치스럽지 않고 아름다운 자신을 만들어내는데 대한 대안을 제시했다. 푸코의 자기배려는 보다 성숙한 실천을 위한 주체의 완성을 요구한다는 점에서 우리에게 의미를 던져준다. '내가 만들어가는 나'를 통해 참된 자율적 주체가 탄생할 수 있다. 우리에게 중요한 것은 단지 스스로를 재발견하는 것이 아니라 자신을 새롭게 만들어내는 일이다.

인식만으로는 진실을 만날 수 없다. 그렇다면 나는 나를 무엇으로 만들어가야 하는가. 푸코가 우리에게 던져주는 질문이다. 푸코는 이 질문에 답하기 위해 '파레시아'parrhesia, 즉 '진실의 용기'를 말한다.

파레시아는 자신이 믿는 바를 이야기 할 권리이며, 나의 자율적 선택을 통한 용기있는 실천이다. 우리는 진실을 이야기함으로써 '자기의 자유'를 실천한다. 결국 자기배려를 통한 주체의 변화는 파레시아라는 용기있는 실천을 통해 완성이 되는 것이다. 그래서 푸코는 영혼과 용기를 강조한 소크라테스를 자기배려와 파레시아가 결합하여 완성된 경우로 본다.

칸트의 묘비명에는 이렇게 쓰여져 있다.

내가 여러 차례 또 오랜 시간 성찰하면 할수록 더욱 새롭고 더욱 높아지는 경탄과 경외심으로 나의 마음을 가득 채우는 두 가지가 있다. 이 두 가지란, 내 머리 위에 있는 별이 빛나는 하늘과 내 마음 안에 있는 도덕 법칙이다.

결국 모든 도덕은 나의 내부로부터 생겨나는 것이며, 자기의 도덕을 완성해가는 것은 나 자신이라는 애기이다. 나는 나의 책임이다. 니체가 말했듯이, 인간은 극복되어야 할 그 무엇이다. 인간은 끊임없이 변화한다.

4장

자존감, 삶의 마중물

"스스로를 신뢰하는 순간 어떻게 살아야 할지 깨닫게 된다."

– 요한 볼프강 괴테, 『파우스트』

4장 자존감, 삶의 마중물

　　그것은 노예였다. 비행기에 탄 그룹 오너의 딸한테 땅콩을 그릇에 담아 주지않고 봉지째 줬다는 이유로 여승무원은 고성과 폭언을 듣고 사무장은 비행기에서 내려야 했다. 그까짓 땅콩이 무엇이라고. 자기를 그냥 내려놓고 떠난 비행기를 바라보는 사무장의 가슴에는 어떤 감정이 자리했었을까. 먹고살기 위해, 가족들을 부양하기 위해 온갖 멸시와 수모를 다 견디며 사는 것이 어디 이들 뿐이겠냐만, 땅콩리턴 파문이 던져준 충격파는 컸었다. 자기가 '부리는' 사람들에 대한 멸시의 시선으로 가득찬 가진 사람들의 민낯이 너무도 생생하게 드러났기 때문이다. 그 오너의 딸은 자본주의 사회의 계약된 임금 노동자를 노예제 사회의 노예 부리듯이 하려 했다. 그 기업의 어느 계약서에 이륙하던 비행기에서 내리게 하는 조항이 있었겠는가. 자본주의의 룰만 놓고 보더라도 그것은 명백한 반칙이었다.
　　그런데 며칠 뒤, 비행기에서 쫓겨났던 사무장이 텔레비전 뉴스에 등장했다. 그리고는 회사 측이 사건을 은폐 조작하려 했다고, 국토부의 조사도 엉터리였다고 폭로했다. 대반전이었다. 사무장의 폭로로 파문은 걷잡을 수 없이 확산되었다.

왜 자존감에 인생을 걸었을까

오너 딸의 명령이라는 이유로 마치 노예 취급을 당했던 그 사람이라고는 믿어지지 않을 정도의 용기였다. 회사 측이 사건을 은폐 조작하려 했다는 폭로는, 당시 노심초사하고 있던 회사와 조현아 부사장 뒤에 있는 오너 일가에게는 치명타가 되는 내용이었기 때문이다. 설혹 여론을 의식해서 회사 측이 잘못을 인정하고 당장은 사무장에게 아무런 조치를 취하지 않는다 해도 그가 회사를 멀쩡하게 다니기는 쉽지 않게 될 것이다. 오너가 바뀌지 않는 한 부사장 일가의 영향력은 그대로일 텐데, 그렇게 찍혀버린 상태에서 과연 계속 회사를 다닐 수 있을까. 사무장으로서는 그야말로 자기의 직, 아니 어쩌면 자기의 인생을 걸고 그런 진실을 공개하고 나섰을 것이다.

왜 그랬을까. 어차피 비행기에서 쫓겨나는 수모까지 감수했던 사람이, 왜 뒤늦게 자신을 거는 그런 용기를 냈던 것일까? 자존감 때문이었다. 사무장은 뉴스 인터뷰에서 두 가지 얘기를 했다. 비행기에서 쫓겨난 일에 대해 "이런 모욕과 인간적인 치욕은 겪어보지 않으면 알 수 없습니다"라고. 그리고 회사 측의 은폐조작 시도를 폭로하면서는 "저 자신에게 부끄럽지 않게 또 저의 '자존감'을 찾기 위해서 저 스스로 대한항공을 관두는 일은 하지 않겠다고 결심했습니다"라고 말했다. 그렇다. 자존감이다.

자존감은 그렇게까지 중요한 것인가. 자기의 직을 걸고, 자기의 인생을 걸면서까지 자존감을 지키려고 하는 것은 현명한 일인가. 적당히 굴복하며 가늘고 길게 인생을 사는 길을 어째서 마다하는 것인가. 객기나 만용은 아닌가. 그것은 자존감이라는 것이 인간이 살아가는데 있어서 마중물 같은 것이기 때문이다. 물을 끌어올리기 위해서는 마중물이 필요하다. 한 바가지 정도의 적은 양이지만, 일단 마중물을 붓고 나면 저 땅 속 깊은 곳에 있는 샘물을 불러올 수 있게 된다. 자존감이라는 것도 마찬가지이다. 그것을 지켜내기가 어려워서 그렇지, 일단 자존감을 갖고 살게 되면 자기 내면에 잠들어있는 힘을 불러낼 수 있게 된다.

세상을 살아가는 힘은 무엇보다 자기 자신으로부터 나온다. 오늘의 이 험한 사회에서 큰 탈 없이 평탄하게 살아간다는 것은 확률적으로도 무척 힘든 일이다. 살아가다가 어떤 벼랑 끝에 서게 될지, 그리고 거기서 언제 추락하게 될지 누구도 알 수 없다. 일시적으로는 다른 사람이 어려운 나를 도와주거나 구출해줄 수 있을지 모르지만, 결국 내가 강해지지 않고서는 오래갈 수가 없다. 여기서 나의 내면을 단단하게 만들고 끈질긴 생명력을 가진 인간으로 살아갈 수 있도록 해주는 기초가 바로 자존감이다. 우리 삶의 무기와도 같은 것이다.

집을 지을 때는 무엇보다 기초를 튼튼하게 다져야 한다. 기초공사가 약하면 건물의 무게가 지반을 무너뜨리거나 함몰될 수 있다. 그래서 터 잡기를 집짓기의 반이라고 하는 것이다. 아무리 그럴듯한 건물을 올려놓아도 기초가 부실하면 태풍이 불어 닥쳤을 때 언제 무너질지 모른다. 우리 인생도 마찬가지이다. 자존감이라는 기초가 튼튼하게 만들어져 있는 사람은 살면서 어려움이 닥쳐도 쉽게 흔들리지 않고 자기 길을 갈 수 있다. 어려움 앞에서 힘들지 않은 사람이 어디 있겠는가만, 자존감은 힘들더라도 세상을 견디며 앞으로 갈 수 있는 힘을 우리에게 준다.

자존감에 목숨 걸었던 철학자들

오늘만의 얘기는 아니다. 인간의 삶은 옛날이나 지금이나 본질에서 다르지 않다. 목숨을 걸고서라도 자존감을 지키려 했던 인간의 모습은 역사 속에서도 많이 등장한다. 서기 3세기 무렵에 쓰여진 디오게네스 라에르티오스Diogenes Laertios의 『유명한 철학자들의 생애』[*]에 따르면 철학자 디오게네스는 크레타 섬에서 알렉산더 대왕을 만났다. 디오게네스[**]는 자기가 기거하는 움막 앞에 앉아 대왕을 맞았다. 두 사람의 대화이다.

> 알렉산더: 나는 대왕인 알렉산드로스다.
> 디오게네스: 나는 개인 디오게네스다.
> 알렉산더: 너는 왜 개로 불리느냐?
> 디오게네스: 무엇인가 주는 사람에게는 꼬리를 흔들고,
>   주지 않는 사람에게는 짖어대고, 나쁜 자는 물어뜯기 때문이다.
> 알렉산더: 무엇이건 원하는 것을 말해보라.

---

[*] 국내 편집 번역본은 『그리스철학자 열전』, 전양범 옮김, 동서문화사, 2008이 있다.

[**] 견유학파 철학자로, 앞의 작가 디오게네스와는 다른 인물이다.

디오게네스: 햇빛이나 가리지 말고 비켜라.

알렉산더: 그대는 짐이 두렵지 않은가?

디오게네스: 도대체 당신이 누구인가? 선한 자인가, 아니 악한 자인가?

알렉산더: 물론 선한 자이다.

디오게네스: 그러면 누가 선한 자를 두려워하겠는가?[1]

　햇빛이나 가리지 말고 비키라는 모욕적인 말을 들은 알렉산더 대
왕이 마음을 달리 먹었다면 디오게네스는 살아남지 못했을 것이다.
그러나 다행히도 알렉산더는 오히려 만일 자신이 알렉산더가 아니
었다면 디오게네스이기를 바랬을 것이라고 말했다고 한다. 디오게
네스의 말을 듣고 알렉산더는 모욕을 당했다고 느끼면서도 그의 기
개에 감명을 받았다는 얘기가 『플루타크 영웅전』을 통해 전해진다.
견유학파犬儒學派로 불리우는 디오게네스는 기행을 일삼은 철학자로
알려져 있기도 하지만, 이처럼 자기 시대의 제왕조차도 두려워하지
않는 자유인으로 살았다. 그의 자존감은 무엇에 의해서도 제약받지
않으려는 자유로운 삶에 대한 의지였다. 자존감은 자유인으로 살려
는 의지와 맞닿아 있다. 자유롭게 살고자 하는 자는 그것을 위해 자
존감을 지키려 한다.

　목숨으로 자존감을 지킨 얘기에 소크라테스를 빼놓을 수 없다. 독
배를 들고 삶을 마감한 소크라테스의 마지막 모습은 진정한 철학자
의 자존감이 어떤 것인가를 보여주고 있다. 소크라테스는 나이 70이
되던 기원전 399년에 아니토스, 멜레토스, 리콘 등의 고발로 재판에
넘겨진다. 죄목은 신을 부정하고 젊은이들을 타락시켰다는 것. 그러
나 실제로는 당시 정치지도자들을 제대로 인정하지 않는 소크라테

스의 주변에 젊은이들이 따르는 것에 대한 반감이었다.

그는 아테네 시민법정에 서서 500명의 배심원들 앞에서 재판을 받게 되었고, 그들을 상대로 자기변론을 하게 된다. 하지만 그는 결코 목숨을 구걸하지 않았다. 자신은 죄가 없고 앞으로도 변함없이 활동을 계속할 것이며, 자기를 죽인다면 아테네에 큰 손실이 될 것이라고 당당하게 자기 변론을 한다. 시민법정에 선 그는 자신의 목숨을 위태롭게 하는 그런 일에 종사한 것이 부끄럽지 않느냐는 질문을 받는다. 이에 대해 소크라테스는 이렇게 훈계했다. "조금이라도 쓸모 있는 사람이라면 어떤 행동을 할 때 자신의 행동이 옳은지 그른지, 착한 행동인지 나쁜 사람의 행동인지만 고려할 것이 아니라, 살게 될 것인지 죽게 될 것인지를 저울질해야 한다는 것이 그대의 생각이라면, 그대의 제안은 바람직하지 못하오"라고.

말만 듣고서는 누가 재판을 받는 사람인지 분간하기 어려울 정도로 소크라테스의 자기 변론은 거침이 없었다. 그는 배심원들을 훈계하고 있었다. 이 변론은 소크라테스에게는 삶과 죽음을 가르는 기로였다. 그가 시민법정에서 배심원들을 향해 자극적인 언사를 자제하고 죄를 인정하는 모습을 보였다면 사형에 처해지지는 않았을 것이다.

그러나 소크라테스는 자신의 변론이 죽고 사는데 어떤 영향을 미칠 것인가에는 관심이 없는 듯 보였다. "하지만 앞에서도 위험 때문에 자유인답지 않은 일을 해서는 절대 안 된다고 생각했듯, 지금도 이런 식으로 항변한 것에 대해 후회하지 않습니다. 오히려 저런 식으로 사느니보다 차라리 이런 식으로 항변하고 죽는 쪽을 택하겠습니다"라고 그는 배심원들에게 말했다. 자신은 죄를 인정하니 사형을 당하겠다는 얘기였다. 소크라테스가 했던 이 얘기들은 플라톤의 대화편 『소크라테스의 변명』에 기록되어 있다.[2] 그에 따르면 배심원들 앞에서 소크라테스가 마지막으로 했던 얘기는 이것이었다.

아니, 벌써 떠날 시간이 되었군요. 나는 죽으러, 여러분은 살러 갈 시간이. 우리 중 어느 쪽이 더 좋은 일을 향해 가고 있는지는 신 말고는 그 누구에게도 분명치 않습니다.

자존감을 지키며 독배를 든 소크라테스

소크라테스는 사형선고를 받고 시민법정을 나서면서도 결코 잘못을 인정하지 않았다. 그리고 죽으러 갔다. 감옥에 갇혀 독배를 받을 시간만 기다리게 되었다. 그런데 친구 크리톤이 이른 아침에 찾아와 탈옥을 권한다. 크리톤은 친구로서의 자책까지 해가며 소크라테스에게 탈옥을 서두를 것을 종용한다. 그러나 탈옥을 거부한 소크라테스는 감옥 안에서 제자들과 마지막 대화를 나눈다. 그 내용은 플라톤의 대화편 『파이돈』에 담겨있다.[3]

소크라테스는 제자 심미아스에게 철학자가 죽음을 노여워해서는 안 된다고 말한다. "철학에 올바르게 종사해온 사람들이 다름 아닌 죽음과 죽어 있음을 추구하고 있다는 사실을 다른 사람들은 알아채지 못하고 있는 것 같네. 자, 만일 이것이 참이라면, 그들이 전 생애 동안 다름 아닌 이것을 열망하면서도 정작 오랫동안 열망하고 추구해 온 것이 닥쳤을 때 그것에 노여워한다는 건 정말이지 이상한 일일걸세."

소크라테스의 이 말은 평소 철학자로서 영혼 불사론不死論을 얘기했던 자기가 어떻게 죽음을 두려워 할 수 있겠느냐는 말이었다. 죽음을 영혼의 해방이라고, 그러니 죽음을 두려워할 이유가 없다고 말해왔던 철학자가 죽음이 눈앞에 와있다고 해서 말을 바꿀 수는 없다는 것이었다. 이렇게 탈옥을 거부하고 독배를 든 소크라테스는 마지막 말을 남긴다. "크리톤, 우리는 아스클레피오스에게 닭 한 마리를 빚지고 있네. 부디 갚아주게. 잊지 말고." 여기서 아스클레피오스는 의술의 신이다. 그래서 소크라테스의 이 마지막 말은 자신을 삶이라는 병에서 낫게 해준데 대해 감사하다는 의미로 해석된다. 그는 감사해 하며 세상을 떠났다.

다비드Jacques-Louis David,1748-1825가 그린 〈소크라테스의 죽음〉은

자크 루이 다비드 〈소크라테스의 죽음〉 1786

독배를 피하지 않았던 소크라테스의 마지막 순간을 오늘까지 전하고 있는 걸작으로 꼽힌다. 다비드 이전까지도 소크라테스의 죽음에 대한 그림들은 많았다. 프랑스 화가 뒤프레누아는 1650년에 〈소크라테스의 죽음〉을 그렸다. 이 그림에서는 소크라테스가 꼿꼿하게 앉아 동요하지 않는 자세로 독배를 들이키고 있고, 몇몇 동료들은 비통에 잠겨 바닥에 쓰러져 있는 모습이 담겨 있다. 18세기에도 푸생 1760년, 켕틴1762년, 페이론1790년 등이 소크라테스의 죽음을 그렸다.

  그만큼 소크라테스의 죽음은 회화적 잠재력을 인정받았던 것으로 보인다. 많은 그림 가운데서도 다비드의 작품은 걸작으로 인정받았다. 이 그림이 완성되어 살롱에 전시되자마자 평단은 소크라테스의 죽음을 다룬 그림 가운데서 최고의 걸작이라고 찬사를 보냈다. 조슈아 레이널즈경은 "그 그림은 바티칸궁의 시스티나 성당과 라파엘로의 방 이후에 나타난 회화적 노력 중에서 가장 경탄할 만하고 정교하다. 그 그림은 페리클레스 시대 아테네 시민들의 면목을 되세워주었을지도 모른다고" 격찬을 했다.

  다비드는 죽음의 순간에도 진정한 철학자의 삶에 대해 논하고 있는 소크라테스와 슬픔에 젖어있는 제자들의 모습을 극적으로 대비시키고 있다. 소크라테스는 독배를 집어 들기 위해 손을 내미는 마지막 순간까지도 철학자의 삶에 대해 동료들에게 말하고 있다. 하지만 소크라테스의 가장 가까운 동료였던 크리톤은 바로 옆에 앉아 소크라테스를 슬프고 걱정스럽게 쳐다보고 있다. 소크라테스를 그토록 존경했던 제자 플라톤은 침대 왼쪽 끝에 걸터앉아 고개를 떨구고 있다. 벽에 기대어 비통해하는 동료들도 있고, 멀리 복도에는 소크라테스의 부인 크산티페를 간수들이 부축하는 모습이 눈에 들어온다.

다비드의 이 그림은『파이돈』에 나온 내용을 그림으로 표현한 것이지만, 소크라테스의 의연함을 부각시키기 위해 다비드가 더 보탠 모습들도 있다. 다비드는 왜 소크라테스의 죽음을 이렇게 그려냈을까. 그는 18세기 중반부터 19세기 초까지 유럽 미술계를 풍미했던 신고전주의의 거장이다. 그는 특히 프랑스혁명의 이념을 대중들에게 전파하기 위해 여러 그림들을 그렸다. 혁명 초기 로베스피에르가 이끄는 급진 자코뱅파에 참여하여 '붓을 든 로베스피에르'라는 별명까지 얻었던 그는 아마도 소크라테스의 죽음을 통해 순교자적 삶의 모습을 그리려 했던 것이 아니었을까. 자코뱅파 혁명지도자 마라의 암살을 그린 〈마라의 죽음〉1793*이 그러했듯이.

소크라테스는 마지막 순간까지 이렇게 자존감을 지키며 세상을 떠나갔다. 플라톤은 대화편 책을 통해, 다비드는 그림을 통해 그를 역사 속에 영원히 기억되는 인물로 살려냈다. 플라톤은『파이돈』의 마지막에서 스승 소크라테스를 "가장 훌륭하고, 무엇보다도, 가장 현명하며 가장 정의로웠던" 사람으로 기록했다. 소크라테스는 죽음을 두려워하지 않고 철학자로서의 자존감을 지켰고, 그의 제자는 이 존경하는 스승의 얘기를 기록했고, 우리가 오늘 그 대화편을 읽고 있는 것이다.

---

* 1793년 7월 13일, 온건한 지롱드파에 속한 젊은 여성 샤를로트 코르데가 마라를 살해했다. 마라는 자기 집 욕조에서 살해 당했는데, 다비드는 그의 죽음을 미화하는 그림을 그렸다. 다비드의 〈마라의 죽음〉은 마라에 대한 추모의 분위기를 높이는데 큰 영향을 주었다. 다비드는 뛰어난 걸작들을 많이 남겼지만, 루이16세-로베스피에르-나폴레옹으로 이어지는, 기본적으로 권력의 요구에 충실했던 화가였다.

자존감은 내가 중심이 되는 삶이다

그러면 현인들이 이렇게 목숨을 걸면서까지 지키려던 자존감은 도대체 어떤 것일까. 자존감은 일시적인 기분이 아니라 이성의 산물이다. 자존감이 높은 사람은 다른 사람이 나를 어떻게 볼까, 나를 어떻게 평가할까 하는 외부의 시선에 필요 이상으로 얽매이지 않는다. 자기의 이성으로 스스로를 믿고 사랑하는 것이 자존감의 본질이다. 그리하여 내 스스로가 중심이 되어 자기가 원하는 자유로운 삶을 자기 책임 아래 살아간다.

자존감을 세우는데 있어 가장 방해가 되는 것은 외부의 평판을 지나치게 의식하여 자기 중심을 잃는 일이다. 인간은 외부의 시선에 자신을 얽어매게 되었을 때 자유롭지 못하고 구속받는 삶을 살게 된다. 루소Jean-Jacques Rousseau, 1712-1778는 『인간불평등 기원론』에서 원시 자연상태에서는 자유롭고 독립적으로 살던 인간이, 사유재산이 생긴 이후에는 수많은 새로운 욕구에 의해 자연 전체, 특히 다른 인간들에게 예속되고 말았음을 지적한다.

그리하여 타인들로부터 받는 호의적인 평가와 존경은 가치를 갖게 되었다. 노래를 가장 잘 부르거나 춤을 가장 잘 추는 사람, 가장 아름다운 사람, 가장 힘이 센 사람, 가장 솜씨가 좋은 사람, 가장 말을 잘하는 사람은 가장 존경을 받게 되었는데, 바로 그것이 불평등과 동시에 악덕으로 향한 첫 걸음이었다. 이러한 최초의 선호로부터 한편으로는 허영심과 경멸이, 다른 한편으로는 수치심과 선망이 유래했는데, 그 새로운 누룩 곰팡이에 의한

발효는 마침내 행복과 순수에 치명적인 화합물을 발생시켰다.[4]

인간은 자신을 돋보이게 하기 위해 자신의 실제 모습과 달리 보여야만 했다. 그래서 위압적인 호사와 기만적인 계략, 그리고 그런 것에 수반되는 모든 악덕이 나왔다고 루소는 말한다.

노예 출신의 고대 스토아학파 철학자 에픽테토스Epictetos 또한 "세상의 명예는 단지 세상 사람들이 내리는 일종의 '평판'에 불과하며 어떤 경우에도 이성에 근거한 참된 진리를 알려주지 못한다. 명예와 같은 평판은 '우리에게 달려있지 않은 것'"이라고 일깨웠다.

내 키가 작다고 마음대로 바꿀 수 없듯이, 외부에서 유래하는 평판을 우리의 의지대로 변화시킬 수는 없기 때문이다. 우리에게 달려있는 것들, 그러니까 믿음, 충동, 욕구, 혐오 같은 것에 따라 살아가는 사람은 자유롭게 살 수 있지만, 우리에게 달려있지 않은 것은 이성에 근거한 진리를 알려주지 못한다. 세상 사람들의 평판에 의해 주어지는 명예라는 것이 나를 자유롭게 해줄 수 없음을 말해주고 있다.

스피노자Baruch de S̶o̶ i677도 대중들로부터의 평판에서 명예를 찾으려 하는 사람은 불안하게 살 수밖에 없음을 『에티카』에서 지적한다. "대중의 의견에서 명예를 찾으려는 사람은 매일매일 걱정 속에서 불안해하면서 평판을 보존하기 위해 애쓰고 그것을 지키려고 행동하며 그것을 지키려고 계획한다. 왜냐하면 대중은 변덕스럽고 한결같지 못하므로 평판이 보존되지 못할 경우 재빨리 사라지기 때문이다."[5] 스피노자는 대중을 그다지 신뢰하지 않았다. 그들은 변덕스러운 존재이다. 그러니 그들로부터의 평판에 매달리지 말라고 했다.

루소, 에픽테토스, 스피노자의 얘기들은 모두가 자기 외부로부터의 평판에 중심을 두고 사는 사람은 자유로운 삶을 누릴 수 없음을 말하고 있다. 삶의 중심이 나의 내부에, 이성에 발을 딛고 자리할 때, 비로소 인간은 속박받지 않는 자유로운 삶을 구가할 수 있다.

자기도취에 빠진 나르시시즘의 위험성

자존감은 자기도취의 표현인 나르시시즘narcissism과는 다르다. 나르시시즘에 갇혀있는 사람은 자신의 모습을 자존감의 표현이라고 주장할지 모르지만, 이는 전도된 자존감에 불과하다. 에리히 프롬은 "자아도취적인 사람은 스스로 실패했다는 사실을 인정하거나 다른 사람의 비판을 받아들이는 것이 어려워진다"고 말한다. 자신에 대한 우월감에 빠진 나머지 다른 사람들의 얘기를 들으려 하지 않는다. 자존감이 높은 사람은 중심이 자기에게 있지만, 다른 사람들과 담을 쌓지 않고 소통한다. 이탈리아 화가 카라바조Caravaggio,1573-1610의 작품 〈나르시시즘〉을 보자.

요정 에코의 사랑을 거절해 마침내 그녀를 상심 끝에 죽게 한 나르시스에 대한 그리스 신화를 그린 작품인데, 복수의 여신 네메시스는 나르시스로 하여금 호수에 비친 자기 모습을 사랑하게 만듦으로써 그를 처벌한다. 결국 그는 자신을 찬미하면서 호수에 빠져 죽는다. 이 그리스 신화는 이러한 종류의 '자기애'는 저주이며 그 극단적인 형태는 결국 자기파멸이 된다는 점을 보여준다.

카라바조 〈나르시시즘〉 1595년경

    나르시시즘에 갇혀있는 자가 이처럼 불행한 것은 자기 이외에 외부 세계에 대한 관심이 없고 타자와의 소통도 하지 않는다는 점에 있다. 프롬은 "나르시시즘이 어떻게 나타나든 나르시시즘의 모든 형태에 공통된 점은 외부 세계에 대해 순수한 관심이 없다는 것"[6]이라고 설명한다. 나르시스트들은 온갖 자기만족의 징후를 보이는 사람들이다. 이러한 사람은 사소한 말을 하고서도 마치 자신이 매우 중요한 말을 한 것처럼 느낀다. 그는 보통은 남의 말에 귀 기울이지 않고 사실상 관심도 없다. 그 대신 이들은 자신을 향한 비판에는 무척 민감하다.[7]

나르시스트들은 승산을 미리 점칠 수 있을 때에만 경쟁에 뛰어든다. 이들은 패배의 수치심으로 인한 타격이 크기 때문에 너무 큰 위험이나 노력 없이도 빛을 발할 수 있는 무대를 고른다. 그 경쟁에서 성공을 거둘수록 강박감에 사로잡혀 완벽함을 추구하는 데 더 강박적으로 매달리게 된다. "자아도취가 심할수록 스스로 실패했다는 사실을 인정하거나 다른 사람의 비판을 받아들이는 것이 어려워진다"고 프롬은 설명한다.[8]

나르시시즘이 위험한 것은 그 폐해가 개인에게서 그치지 않는다는 점이다. 권력자가 나르시시즘에 빠져있을 경우 사회 전체가 심각한 고통을 겪게 된다. 권력자는 어떠한 비판에도 귀 기울이지 않고, 자신의 우월성을 과신한 나머지 독선적인 모습을 보이게 된다. 역사상의 많은 독재자들의 내면에는 이 같은 나르시시즘이 자리하고 있었다. 더 나아가 나르시시즘이 집단적 형태를 띠게 될 때 폭력과 파괴라는 재앙적 결과를 초래할 수 있다. 프롬은『인간의 마음』에서 프로이트의 '나르시시즘' 개념을 발전시켜, 나치즘 등 현대의 광신 및 파괴적인 행위들에서 나르시시즘이 했던 역할을 살펴보며 그 심리적 동인을 분석하고 있다.

> 집단적 자아도취는 개인적 자아도취보다 더 알아보기가 어렵다. 어떤 사람이 '나와 내 가족은 세상에서 가장 훌륭한 사람이다. 우리들만이 깨끗하고 총명하고 착하고 점잖다. 다른 사람들은 모두 더럽고 어리석고 정직하지 못하고 무책임하다'고 말한다면 대부분의 사람들은 이 사람을 균형을 잃은 미숙한 사람이라 생각할 것이다. 심지어 미쳤다고 생각하기까지 할 것이다.[9]

나치즘의 광기에서 목격했듯이 집단적 나르시시즘은 그 사회에서 이를 통제할 사람이 없다는 점에서 그 폭력적 결과는 심각할 수밖에 없다. 자존감이 왜곡되어 파괴적이고 폭력적인 현실이 전개되었던 것이, 결코 멀지 않았던 과거에 인류가 겪었던 역사였다. 자기만이 옳다고 착각하고 사람들과 소통하지도 않으며 비판도 듣지 않는 권력자들의 모습은 이 같은 나르시시즘의 결과이다.

아모르 파티, 나 자신을 사랑하라

이렇듯 자존감은 다른 사람들의 시선에 매달리는 것도, 반대로 다른 사람들에 대한 우월감에 사로잡히는 것도 아니다. 자존감은 자신을 향한 것이며, 이는 자기에 대한 사랑으로부터 시작된다. 니체의 자기 사랑, 그러니까 '아모르 파티'Amor fati의 얘기를 들어보자.

> 그런 자에게 대지와 삶은 무겁게 보인다. 중력의 악령이 바라고 있는 것이 그것이다! 그러나 가벼워지기를 바라고 새가 되기를 바라는 자는 자기 자신을 사랑할 줄을 알아야 한다. 나는 이렇게 가르치는 바이다.[10]

자신은 육체적, 정신적으로 고통스러운 삶을 살았던 니체였지만, 그 무거운 대지의 삶을 가볍게 만들라고 차라투스트라의 입을 통해 말하고 있다. 새처럼 가벼워져야 자유롭게 하늘을 날 수 있다. 그런데 중력의 정령이 사람들의 발목을 잡고 무겁게 부담을 지우고 있다. 그래서 사람들의 삶은 너무도 무겁다. 그러나 자신을 가볍게 하고 춤을 추어야 자유롭게 하늘을 날 수 있다. 가벼워지기를 바라고 새가 되기를 바라는 자는 먼저 자기 자신을 사랑해야 한다. 그래서 아모르 파티, 자신의 고통과 실패까지도 사랑하는, 자신의 삶에 대한 긍정을 니체는 주문한다.

여기서 니체에게 '춤'은 우리의 삶이 영구히 반복될 것이라는 '영원회귀' 정신을 통해, 지금의 삶을 최선을 다해 살 것을 주문하는 의욕적인 표상이다. 우리는 즐겁게 자기의 삶을 선택하며 자기 운명을 스스로 결정하는 용기를 가져야 한다. 니체의 아모르 파티는 자기 운명의 주인인 나의 자존감과 맞닿아 있다. "삶이 내게 가장 어려운 것을 요구했을 때 삶은 내게 가장 가벼워졌다." "인간에게 있는 위대함에 대한 내 정식은 운명애이다."[11] 니체는 그렇게 말했다.

우리의 삶이 어렵고 힘들수록 자신에 대한 사랑은 소중하다. 무엇에 실패했을 때 나의 무능력이나 처지를 낙담하며 자책하고 비하하기 쉽다. 그러나 세상 속에서 겪게 되는 많은 어려움들이 꼭 내 탓만은 아니다. 내가 열심히 최선을 다해 노력했는데도 뜻대로 되지 않았을 때, 그렇게 노력해도 좌절할 수밖에 없는 이 세상의 탓 또한 있는 법이다. '취업깡패' 소리를 듣는 이공계 몇몇 학과를 제외하면 대학을 나와도 좀처럼 취업이 되지 않는다. 인문계, 여학생은 취업이 더 어렵기만 하다. 기업들이 채용을 하지 않는데 어쩔 도리가 없다. 하필 이 시대에 태어나서 졸업을 하게 된 운명을 탓해야 하는 것일까. 당장 원하는 것을 이루지 못했다고 해도 주눅 들거나 기죽지 말 일이다. 그것이 어디 나의 탓만 할 일이겠는가.

출발선이 다른 경쟁은 아무리 노력해도 원하는 바를 이루지 못하는 예정된 낙오자들을 양산하고 있다. 금수저를 물고 태어났더라면 사교육도 많이 받아 더 좋은 대학에 갔을 것이고, 좋은 직장에 취업할 기회가 그만큼 많았을 것이다. 하지만 흙수저 인생은 그렇지 못했다. 혼자서 공부해서 간신히 대학에 갔지만, 등록금 마련을 위해 알바에 매달리면서 공부하는 처지에 좋은 학점을 받기는 어려웠다. 그만큼 나에게 열린 취업의 문은 좁았다. 아직 젊은 나이를 생각하면 그렇게 게으르게 산 것도 아닌데, 인생이 어쩐지 안 풀린다. 노력해도 안 되는 일은 세상에 너무도 많았다. 출발선이 달랐던 현실이 한 몫 단단히 했다는 생각이 든다.

이럴 때일수록 나는 오히려 자신을 위로하고 격려할 필요가 있다. 그래도 애썼고 노력하며 살아왔다고 나를 지지하고 나서자. 어떤 상황에서도 내가 간직할 것은 자신에 대한 믿음이요 사랑이다. 그래야 주저앉지 않고 앞길을 갈 수 있다. 내가 나를 신뢰하지 않는데, 누가 신뢰하겠는가. 내가 나를 사랑하지 않는데 누가 나를 사랑하겠는가.

특히 나이가 들어가고 노년에 접어들 무렵이면 자신의 생을 돌아보면 이런저런 회한에 젖어들게 된다. 아무래도 만족한 것보다는 아쉽고 후회되는 것들이 많은 게 우리네 인생이다. 자식들과의 관계, 노후에 대한 걱정, 외로움 등에 사로잡히다 보면 내가 잘못 산 것 아닌가 하는 생각이 들기도 한다. 사느라고 살았는데 말이다.

하지만 나를 너무 탓하지 말자. 내가 그래도 열심히 살아왔다면, 그래도 가족들을 위해 최선을 다해 애써왔다면, 그동안 수고했다며 스스로에게 격려를 보내는 떳떳한 내가 필요하다. 그렇게 스스로를 격려할 때 남은 인생도 열심히 살아가겠다는 마음으로 인도될 수 있을 것이다. 잘 익은 과일은 땅으로 떨어지는 것이 두렵지 않은 법이다. 내가 삶의 열매를 맺을 수 있도록 끝까지 함께 가는 것이 바로 자존감이다.

내 하고 싶은 일에 모든 걸 걸어보았나

자존감을 지키며 살기 위해 가장 좋은 것은, 하고 싶은 일을 하면서 사는 것이다. 이것은 우리의 삶을 좌우하는 중요한 문제이다. 우리는 일을 한다. 왜 일을 하나. 우선은 먹고 살기 위해서라는 대답이 가장 많을 것이다. 어쩌면 대부분일지 모른다. 그렇다. 사람은 돈을 벌어야 먹고 살 수 있고, 일을 해야 돈을 벌 수 있다. 하지만 사람은 먹기 위해서만 살지 않는다. 다른 동물은 먹을 것이 있고 자신을 보호할 수 있는 정도의 환경만 있으면 살 수 있지만, 사유하는 존재인 사람은 자기실현에 대한 성취감을 갈망한다. 그것이 결핍될 때 사람은 괴로워하고 정신적 억압을 당하게 된다.

하지만 오늘날 자기실현으로서의 노동에 대한 결핍에서 자유로운 사람은 몇이나 될까. 자기가 원했던, 하고 싶었던 일을 하면서 살고 있는 사람은 얼마나 될까. 그것이 점점 힘들어지는 세상이 된지 오래이다. 대학에 진학할 때 적성에 맞추어 당초 원하던 전공을 선택하는 경우가 얼마나 될까. 아마도 내신이나 수능 등급에 따라 적성을 불문하고 선택하는 경우가 많을 것이다. 졸업 후 취업을 할 때는 더욱 심해 보인다. 취업준비생들의 대다수가 전공과는 무관한 공부를 하면서 취업전쟁을 벌이고 있다. 어디든지 취업만 할 수 있으면 다행인 세상이 되고 있다. 찬 밥 더운 밥 가릴 환경이 아닌 것이다.

많은 청년들이 어쩔 도리없이 사회의 첫 발을 그렇게 내딛고 있다.

그런데 사람에게는 저마다 꿈이 있었다. 그것이 장미빛 빛깔이었든 소박한 무채색이었든 자기에게 가장 잘 맞는 옷을 입고 살아가고 싶었던 소망 말이다. 하지만 막상 그 꿈대로 살아간다는 것이 얼마나 힘든 일이던가. 내가 처한 여건이 가로막기도 하고, 어떤 때는 내 등에 짊어진 짐이 너무 무거워 나의 꿈과 도전을 접어야 할 때가 많다. 그림을 그리며 살고 싶었는데, 공부를 계속 하고 싶었는데, 소설을 쓰고 싶었는데, 영화를 만들고 싶었는데… 현실의 벽 앞에서 제대로 시도조차 해보지 못하고 포기해야 하는 경우들이 너무도 많다. 그 아쉬움은 살아가면서 두고두고 회한으로 쌓여간다. 누구나 한번밖에는 살 수 없는 삶인데, 이렇게 사는 것이 과연 맞는 것일까. 이것이 내가 원했던 삶이란 말인가.

그래서 어느 날 문득 스스로에게 이런 질문을 던지게 된다. "나는 하고 싶은 일을 위해 내 모든 것을 걸어보았던가?" 당신은 어떻게 답을 하겠는가. 뜻을 이루었든 못 이루었든, 그랬던 적이 있다면 그래도 여한이 없는 사람이다. 그러나 자기가 하고 싶었던 일을 위해 자신의 모든 것을 걸어본 적조차 없다면, 이제라도 가능한 방법은 없겠는가. 자신이 하고 싶은 일을 하면서 사는 것이야말로 자기에 대한 최고의 사랑과 배려이기 때문이다.

물론 그것은 누구에게나 쉽지않은 일이다. 특히 나이라도 먹어서 가정을 갖게 된 경우에는 자신을 위해 움직이기가 더욱 힘들다. 부인이 어느 날 갑자기 공부하러 대학원 가겠다고 하면 반대할 남편들 적지 않을 것이다. 우리 살림에 무슨 대학원씩이냐, 이제 공부해서 뭐하려고 하느냐, 그냥 살던 대로 살자. 반대로 남편이 필생의 새로운 일을 해보겠다고 말을 꺼냈을 때 겁부터 내면서 말리는 부인들이 많을 것이다. 가족의 미래가 불안하게 느껴지기 때문이다.

어려운 일이다. 하지만, 어렵지만, 그래도 해볼 만한 가치가 있는 일이라고 나는 생각한다. 많은 돈을 들여서 자칫하면 집 재산을 들어먹을 수 있는 위험한 사업이라면 그에 대해서는 잘 모르겠다. 하지만 돈이 아니라 몸과 정신의 고생으로 되는 일이라면 나이에 상관없이 도전해 볼 이유가 있다. 내 가까이 있는 사람이 진정으로 그러고 싶어 한다면 함께 정서적 지지를 보내 줄 일이다. 실패를 두려워하면 새로운 것에 도전할 수 없다. 나의 얼굴을 갖고 살기 위한 도전 말이다.

프랑스 철학자 라캉Jacques Lacan, 1901-1981은 타자의 욕망에 갇혀있는 우리들의 삶을 이렇게 표현했다.

> 나의 욕망은 타자의 욕망이다. 나는 타자들의 욕망이 만들어내는 세계를 통제할 수 없다. 언제나 나의 욕망보다 힘이 센 것은 통제할 수 없는 타자들의 욕망이다. 타자의 욕망은 나의 욕망을 압도한다.

내가 지금 갖고 있는 욕망은 진정 나의 것이었던가. 타인들의 시선을 의식해, 타인들의 욕망을 대신 부여잡고 살고 있는 것은 아닌가. 지금 내가 매달려 있는 욕망이 나의 내면에서 만들어진 것이 아니라 외부로부터 주어진 것이라는 사실 앞에서, 내 삶의 불공정함과 부당함과 비극이 생겨난다. 타자가 원하는 삶을 살고 있는 나는 내 삶의 주인이 아닌 것이다. 어떻게 해야 우리는 타인의 삶이 아닌 나의 삶을 살 수 있을까.

영화 〈사도〉에 나왔던 사도세자의 비극은 아버지의 욕망을 대신 껴안고 살아야 했던 아들의 불행한 죽음의 이야기였다. 무수리의 아들이라는 신분과 경종 독살설에 따른 논란을 의식한 영조는 아들 사도세자에게 큰 기대를 갖고 그를 완벽한 세자로 만들려고 애를 쓴다. 그러나 기대에 어긋난 사도세자의 모습에 영조는 거듭 책망을 하고 그럴수록 사도는 강박증에 사로잡혀 제 정신을 잃는 지경에 처하게 되어, 결국 뒤주에 갇혀 죽게 된다. 영조는 사도세자를 향해 "넌 네 존재 자체가 역모야!"라고까지 하며 아들의 자존감을 무너뜨린다. 그러나 사도세자는 "나는 그리 살고 싶지도 않고, 살 수도 없소"라고 외치며 아버지의 강압을 거부한다. 아버지가 아닌 자기의 삶을 살고자 하는 절규였다.

우리 자식들의 경우도 마찬가지이다. 프로이트는 자식에 대한 부모의 사랑 속에는 다시 살아난 부모의 나르시시즘이 있음을 간파한다. 아이는 부모가 이루지 못한 꿈을 이뤄야 한다. 사내 아이는 자기 아버지를 대신하여 위대한 사람이 되고 영웅이 되어야 하며, 여자 아이는 어머니가 이루지 못한 꿈에 대한 뒤늦은 보상이지만 잘생긴 왕자와 결혼하여야 한다. 이 모든 것은 현실의 압박을 심하게 받아 자아가 위협받는 부모의 나르시시즘이 자식에게서 피난처를 찾아 안정된 위치를 유지하려는 것에 불과하다. 감동적이기는 하지만 근본적으로는 유치한 속성을 지닌 부모의 사랑이란, 결국 부모의 나르시시즘을 자식이라는 대상에게 그대로 내보이는 것에 불과하다.[12]

자식들에 대한 부모들의 지나친 사랑의 태도를 보면, 그들이 이미 오래 전에 포기했던 자신의 나르시시즘을 다시 부활시키고 재현시키는 행위임을 알 수 있다. 부모들은 자기 자식을 과대 평가하여 아주 완벽한 존재로 여기는 충동에 사로잡히게 된다. 부모는 자식을 냉정하게 관찰하지 못한채 아이들의 모든 결점은 감추거나 잊어버리게 된다.

바로 오늘 우리들의 얘기이다. 부모들은 자신이 못 다 이룬 꿈을 아이들을 통해 실현하려 한다. 어느 사이 아이들은 아버지의 혹은 어머니가 이루지 못했던 꿈을 대신하려 나서는 존재가 되고 만다. 그리하여 아이들의 욕망은 다름 아닌 타자로서 부모의 욕망이다. 우리 아이들로 하여금 부모의 삶이 아닌 자신의 삶을 살 수 있도록 해주어야 할 책임을 우리는 갖고 있다. 나도, 나의 자식들도 자신의 얼굴을 갖고 살 수 있도록 하자. 자기가 살고 싶은 삶이 어떤 것인지 생각해볼 겨를도 없이, 부모의 삶을 대신 살아야 하는 우리 아이들은 과연 행복할까.

자존감은 그냥 얻어지지 않는다

하지만 이렇게 자존감을 지키며 사는 삶이 그냥 거저 얻어지는 것은 아니다. 당연히 치러야 할 대가가 따른다. 자신의 소중함을 간직하며 자유롭게 살 수 있기까지는 견뎌내야 할 것들이 있다. 그것은 자신의 의지와 노력이다. 박노해의 시 〈한계선〉 일부이다.

옳은 일을 하다가 한계에 부딪쳐
더는 나갈 수 없다 돌아서고 싶을 때
고개 들어 살아갈 날들을 생각하라

여기서 돌아서면
앞으로 어려운 일이 생길 때마다
너는 도망치게 되리라

여기까지가 내 한계라고
스스로 그어버린 그 한계선이
평생 너의 한계가 되고 말리라

　　　– 박노해 「한계선」[13]

　시인은 우리더러 뒤로 물러서지 말 것을 주문하고 있다. 한번 돌아서면 어려운 일이 있을 때마다 도망칠 것임을 예감하고 있다. 실제로 우리들의 삶이 그러하지 않았던가. 어쩌면 이 시인조차도 후일 뒤로 물러선 삶을 살았는지 모른다. 그래서 스스로 감당할 수 없는 시를 썼던 것일지도 모르겠다. 그러나 우리가 어려운 기로에서 견뎌내면 나의 힘이 되었고, 한번 물러서기 시작하면 번번이 자신 없는 모습이 되곤 했던 것은 사실이었다.

　누구나 인생이라는 길을 가다가 힘들고 어려운 고비에 부딪힐 때가 있다. 그 기로에서 많은 고민을 하게 된다. 내 뜻대로만 되는 일이 아니었다, 내가 무모했던 것은 아닐까, 이쯤에서 포기하는 것이 낫지 않을까. 수많은 번민들이 머리속을 어지럽힌다. 물론 최선을 다했는데도 더 이상 앞으로 갈 수 없고, 더 이상 달라질 것이 없다고 판단되면 냉정하게 포기하는 것이 옳을 수도 있다. 하지만 그 끝이 가보지 않은 길이고, 그래서 결과를 속단할 수 없는 것이라면 지금은 힘들더라도 뚝심 있게 뚜벅뚜벅 계속 가는 것이 어떠하겠는가. 이것이 나의 길인지 아닌지를 놓고 고민하며 씨름하고 있을 시간에 모든 정성을 다해 길을 가는 것, 그것이야말로 자기 삶에 최선을 다하는 자의 모습일 것이다.

일이 되게 하려면 머리가 아니라 무엇보다 몸이 움직여야 한다. 머리로만 회의하고 고민할 것이 아니라 행동이 따라야 한다. 생각이 행동을 낳지만, 다시 행동은 생각을 지속시켜 준다. 힘든 터널을 통과하면서 만들어진 자존감은 두고두고 나의 소중한 힘이 되어줄 것이다.

그렇다고 자존감이 나만의 숭고한 삶을 꿈꾸는 것은 아니다. 세상이 어떠하든, 나의 담장 밖에서 누가 굶어 죽어가든 나만 고귀한 정신을 누린다면 그것이 존엄한 삶은 아닐 것이다. 자존감을 지키는 사람은 자기만의 담 안쪽에서 살지 않는다. 자존감이 높다는 것은 자기 내면의 힘이 강하다는 얘기이지, 결코 세상과 단절되어 타자에 대해 배타적인 태도를 취하는 것을 의미하지 않는다. 오히려 자신을 지킬 힘이 있는 사람은 세상에 대해 높은 담을 쌓지 않아도 된다. 담이 낮아서 아무나 자기 세계에 들어오더라도 두려울 것이 없기 때문이다. 그래서 생각과 행동이 유연해질 수 있고, 자기의 주장을 관철하지 못해 무리한 행동을 하는 우를 범하지 않는다. 다른 사람들에 대한 각박함은 나의 허약함을 드러내는 것이요, 내가 단단해지면 그만큼 넓고 너그러워질 수 있다.

또한 자존감은 누군가의 손을 기다리는 사람들에게 손을 내밀 수 있는 힘을 준다. 자신의 존재를 세상 속에서 바라볼 수 있기 때문이다. 내가 다른 사람들에게 산길 속의 작은 불빛이 되고, 손을 잡아주는 존재가 될 수 있다면 세상을 살면서 그만큼 자존감을 느낄 일이 어디 있겠는가. 내가 다른 사람을 위해, 세상을 위해 필요한 존재임을 스스로 발견하는 것, 그것이야말로 우리가 경험할 수 있는 최고의 자존감일 것이다.

5장
사람은 무엇으로 사는가

"가장 깊은 것을 생각하는 자는 가장 살아 있는 것을 사랑한다."

– 에른스트 블로흐, 『희망의 철학』

5장 사람은 무엇으로 사는가

　　사람은 저마다 동아줄을 하나씩 잡고서 살아간다. 결코 쉽지않은 인생살이, 그 줄을 단단히 잡고 가야 길에서 벗어나 헤매지 않고 제 길을 갈 수 있다. 그 동아줄은 사람마다 다르다.

　누구에게 그것은 욕망이다. 자신이 갖고 있는 물질, 권력 혹은 지위에 대한 욕망을 이루기 위해 그는 오늘도 남들과 경쟁하며 정신 없이 살아가고 있다. 어떤 사람에게는 종교일 수도 있다. 신의 존재를 믿기에 신의 가르침에 따르는 삶을 살아가려고 한다. 또 다른 어떤 사람에게는 세상을 바꾸는 대의같은 것이 자신의 동아줄일 수 있다. 그는 자신만이 아니라 함께 사는 사람들을 위한 이타적 삶을 통해 자기 존재의 의미를 확인한다.

　당신은 무엇으로 살아가느냐고 묻는다면 그 대답은 이렇게 사람마다 다를 것이다. 우리는 무엇으로 살아가기로 마음먹느냐에 따라 인생의 행로가 달라진다. 그리고 사는 방식이 달라진다.

사람은 사랑으로 산다

톨스토이도 단편 「사람은 무엇으로 사는가」에서 그 질문에 대한 답을 구하고 있다. 구두 수선공 시몬은 차가운 겨울 길바닥에 쓰러져 있던 미하일을 발견하여 집으로 데려와 구두 만드는 일을 가르친다. 나중에야 미하일은 자신이 하느님의 명령을 받고 내려온 천사라는 사실을 밝히고, 하느님이 답을 찾을 때까지 사람들 속에 가있으라 했던 세 가지 질문을 던진다.

첫째, 사람의 마음속에는 무엇이 있는가? 미하일은 인간세계로 온 자신의 목숨을 구해준 시몬과 그 부인의 모습을 보고는 '사람의 마음속에는 하느님의 사랑이 있음'을 깨달았다. 둘째, 사람에게 주어지지 않은 것은 무엇인가? 미하일은 귀족 신사가 튼튼한 구두를 주문했지만 그가 곧 죽을 것을 알았기에 구두 대신 슬리퍼를 만들었다. 하지만 시몬이 그 이유를 모르는 것을 보고, '사람에게 주어지지 않은 것은 자신에게 필요한 것이 무엇임을 자각하지 못하는 것'임을 미하일은 깨달았다. 셋째, 사람은 무엇으로 사는가? 미하일은 엄마를 잃은 아이들을 사랑으로 키우는 부인을 보고는 '사람은 사랑으로 산다'는 사실을 깨달았다. 세 가지 질문에 대한 답을 이렇게 찾은 미하일은 다시 하늘로 올라간다.

톨스토이는 '사람은 사랑으로 산다'는 깨달음을 전해준다. 그것은 "모든 인간은 자기만을 생각하고 걱정한다고 살 수 있는 것이 아니라 사람에 의해 살아가는 것"임을 의미한다. 사람은 더불어 사는 존재자이다. 그리고 더불어 사는 삶은 믿음을 전제한다. 이 믿음은 무엇보다 사람에 대한 믿음이다. 그가 사람이라는 믿음이다.

사람에 대한 사랑과 믿음은 조건에 따라 차별을 두지 않는다. 부자라고 해서 더 주고, 가난한 사람이라고 해서 덜 주는 것이 사랑은 아니다. 넓은 묘역에 묻히는 재벌 회장의 죽음만 슬픈 것이 아니라, 화장이 끝나자마자 재로 뿌려지는 가난한 노동자의 죽음 역시 그만큼 슬프다. 부잣집에서 태어나 부족한 것 없이 자라는 아이가 사랑받는데 익숙해있듯이, 가난한 집에 태어나 제대로 손길조차 받지 못하고 자라는 아이도 사랑을 갈구한다. 인간은 누구나 사랑받을 자격을 똑같이 부여받고 이 세상에 태어났다.

따라서 인간은 태생이나 스펙에 따라 서로 다른 가격이 매겨져서는 안 된다. 가격은 물건을 팔기 위해 매기는 것이다. 인간은 물건도 아니고 누구에게 팔리기 위해 태어난 것도 아니다. 누구나 사랑받을 자격이 있고, 누구나 사랑할 책임이 있다. 인간의 본래적 사랑에는 조건이 없다. 데리다가 이방인에 대한 절대적 환대, 즉 권리나 의무로서의 환대와 단절하고 이름없는 절대적 타자에게도 그의 이름조차 묻지 말고 환대할 것을 말하는 것도 같은 맥락이다.[*] 데리다가 말한 인간에 대한 조건없는 환대를 넘겨받은 인류학자 김현경은 인간에 대한 가치를 묻지 말고 그를 환대할 것을 주문하고 있다.

태어난 생명을 무조건적으로 환대한다는 것은 그 생명이 살 가치가 있는

---

[*] 데리다는 이렇게 말한다. "절대적 환대는 내가 나의 집을 개방하고, 이방인에게만이 아니라 이름 없는 미지의 절대적 타자에게도 줄 것을, 그리고 그에게 장소를 줄 것을, 그를 오게 내버려둘 것을, 도래하게 두고 내가 그에게 제공하는 장소 내에 장소를 가지게 둘 것을, 그러면서도 그에게 상호성(계약에 들어오기)을 요구하지도 말고 그의 이름조차도 묻지 말 것을 필수적으로 내세운다." 자크 데리다, 『환대에 대하여』, 남수인 옮김, 동문선, 2004, p.71

지 (더 이상) 따지지 않는다는 것이다. 칸트 철학의 전통에서 사람은 지극히 가치 있는 존재라기보다 가치를 따질 수 없는 존재임을 여기에 부기해두자. 칸트는 가격을 갖는 사물과 존엄성을 갖는 사람을 대립시킨다. 가격을 갖는다는 것은 비교할 수 있으며 대체 가능하다는 뜻이다. 인간은 그 자체가 목적인 존재이기에 가격을 갖지 않는다. 타자를 사람으로 인정한다는 것은 그의 가치를 인정하는 것이 아니라, 가치에 대한 질문을 괄호 안에 넣은 채 그를 환대하는 것을 말한다.[1]

사람은 그 자체로서 누구나 환대받을 자격이 있다. 빈부의 차이, 외모의 차이, 능력의 차이와 상관없이 생명으로서 똑같이 존중받아야 하는 것이 사람이다. 그래서 환대받을 권리를 심사하는 차별은 인간에 대한 본래적 사랑을 훼손하는 일이다.

안티고네의 조건없는 사랑

사랑에 아무런 조건을 달지 않는 심성은 고대 그리스 시인 소포클레스Sophocles, BC 496-406경의 비극 『안티고네』에서 읽을 수 있다.[2] 안티고네는 오이디푸스 왕의 딸이다. 아버지이자 왕인 오이디푸스가 스스로 눈을 찔러 실명한 채로 떠돌아다니게 되고, 두 오빠 폴리네이케스와 에테오클레스가 왕권을 놓고 다투다 모두 죽는다. 그리하여 안티고네의 삼촌인 크레온이 왕이 된다. 크레온은 에테오클레스만 성대히 장례를 치러주고 폴리네이케스의 시체는 들에 그냥 버려두라는 포고를 내린다. 칙령을 어기는 자는 사형에 처해질 것이라고 경고한다.

그러나 안티고네는 신앙심과 형제애에 따라 크레온의 명령을 어기고 들에 버려진 폴리네이케스의 시신을 매장하다가 발각되어 붙잡힌다. 화가 난 크레온은 안티고네를 동굴 속에 가둬 죽이기로 한다. 안티고네를 연모하던 크레온의 아들 하이몬은 그녀에 대한 사면을 요구하지만 받아들여지지 않자 안티고네를 따라 죽기로 결심하는데, 크레온은 아들이 죽게 된 것에 놀라서 안티고네의 처형지로 달려간다. 거기서 하이몬은 아버지를 보자 격분하여 칼로 찌르려고 하고 놀란 크레온은 도망친다. 하이몬은 자살하고 이 사실을 안 크레온 왕의 아내 에우리디케도 자살한다.

가슴을 후비는 두 시체 사이에서 크레온은 한낱 가엾은 피조물, 한순간의 판단 착오로 인해 엉엉 우는 불쌍한 남자에 불과하다. 그는 자신이 사랑했지만 결국 자신이 죽이고 만 사람들의 죽음 앞에서 자신에게도 죽음을 달라고 애원한다. 안티고네는 폴리네이케스를 조국의 적으로 증오하기를 거부하며 말한다. "나는 증오를 나누어 갖기 위해서 태어난 것이 아니에요. 나는 사랑을 나누어 갖기 위해서 태어났어요."

이런 안티고네에 대해 문학비평가 보나르Andre Bonnard, 1888-1959는 "우리의 영혼을 노예로 만들려는 완력으로부터 자유로운 영혼을 지켜주는 보루"라고 표현한다. 안티고네는 사랑의 약속을 통해서 자유를 구가하는 자유로운 영혼이라는 것이다. 보나르는 "성격 외에도 투쟁에서 매우 중요하며 사람 됨됨이를 결정하는 것이 있는데, 바로 영혼의 품격"이라며 "이 본질적인 차이 덕분에 안티고네는 의로운 죽음을 맞으면서도 고독하지 않을 수 있는 반면, 살아있는 크레온은 평생 고독의 멍에로부터 벗어나지 못 한다"고 말한다.[3] 안티고네는 조건 없는 사랑의 영혼을 가짐으로써 스스로 자유를 얻을 수 있었던 것이다.

분노를 다스릴 줄 아는 능력

하지만 세상은 사랑만으로는 살 수 없지 않은가. 세상에서, 아니 내 주변에서 나를 화나게 하고 분노하게 만드는 일이 얼마나 많은가. 그런데 어떻게 사랑만으로 이 세상을 살 수 있단 말인가. 더구나 부조리하고 정의롭지 못한 현실이 내 눈앞에 있다면 어찌 분노하지 않을 수 있겠는가.

일찍이 아리스토텔레스는 『니코마코스 윤리학』에서 이렇게 말했다.

> 분노하는데 모자람은 비난받는다. 당연히 분노해야 할 일들에 분노하지 않는 사람들은 바보 취급을 당하기 때문이다. 그 점은 적당한 방법으로, 적당할 때에, 당연히 분노해야 할 사람들에게 분노하지 않는 사람들도 마찬가지이다. 그런 사람은 감수성이 없어 고통을 느끼지 못하는 것처럼 보이며, 분노하지 않는 까닭에 자신을 지킬 능력이 없어 보인다. 하지만 자기가 모욕 당해도 참고 견디고, 친구들이 모욕당해도 수수방관하는 것은 노예다운 태도이다.[4]

아리스토텔레스는 분노해야만 할 때 분노하지 않는 사람들은 바보로 생각된다고 했다. 그는 도덕적 차원에서 분노를 정당화한 철학자였다.

분노할 줄 아는 인간이 되라는 목소리는 오늘에도 이어진다. 독일 철학자 악셀 호네트Axel Honneth, 1949- 는 사회적이고 일상적인 무시와 모욕이 야기하는 도덕적 분노가 사회적 저항의 동기라며 분노의 사회적 역할을 강조한다. 분노는 단지 무시나 모욕에 대한 심리적 반작용이 아니라 사회적 투쟁을 추진하는 심리적 동기가 된다는 것이 호네트의 설명이다.[5] 결국 사회를 개선하고 변화시키려는 운동의 출발은 분노로부터 시작된다는 얘기이다.

『분노하라』로 잘 알려진 프랑스 사회운동가 스테판 에셀Stephane Hessel, 1917-2013도 우리더러 분노하라고 촉구하고 있다. "내가 나치즘에 분노했듯이 여러분이 뭔가에 분노한다면, 그때 우리는 힘 있는 투사, 참여하는 투사가 된다"며 "모두가, 한 사람 한 사람이, 자기 나름대로 분노의 동기를 갖기 바란다"고 호소한다.[6] 에셀은 세상에 대해 분노할 줄 모르고 무관심한 모습을 최악의 태도라고 비판하며, 그렇게 행동하면 인간을 이루는 기본 요소 하나를 잃어버리게 된다고 지적한다. 분노할 수 있는 힘, 그리고 그 결과인 '참여'의 기회를 영영 잃어버린다는 것이다. 당신은 어떻게 하겠는가. 분노할 일이 있다면 분노해야 하지 않겠는가.

하지만 인간에게 분노는 양날의 칼이다. 분노는 적절하게 내 것으로 하면 약이 되지만, 스스로 조절하지 못하면 독이 된다. 아예 분노를 악으로 규정하고 제거할 것을 주장한 사람은 로마시대 스토아 철학자 세네카Seneca였다.

너는 이 사람에게 분노했다가 또 저 사람에게 분노한다. 처음에는 노예에게, 다음에는 자유민에게 화를 낸다. 이번에는 부모에게, 다음에는 아이들에게, 지인에게, 나중에는 낯선 사람에게도 분노한다. 마음이 개입하지 않으면 도처에 분노할 충분한 이유가 존재한다. 광기rabies가 그대를 여기, 저기로, 이 길에서 저 길로 끌고 다닐 것이다. 항상 새로운 자극이 생기면 너의 광기는 계속될 것이다. 자 불행한 사람아, 그대는 사랑할 시간을 찾을 수 있는가?[7]

하지만 분노에 대한 세네카의 극단적 부정은 분노의 유용성을 간과하고 있다. 지나친 분노는 개인이나 사회에 해가 될 수 있지만, 그래도 분노는 부조리한 상황을 바로잡을 수 있는 힘의 원천이 될 수 있다. 문제는 분노 자체가 아니라, 우리가 분노의 주인이 되어 분노를 다스릴 수 있느냐에 달려있다.

몽테뉴Michel Montaigne, 1533-1592는 『에세』에서 분노에 의해 조종당하는 인간의 모습을 우려하고 있다. "다른 무기들은 우리가 그 무기를 움직이지만, 분노라고 하는 무기는 반대로 우리를 움직인다. 분노라는 무기가 우리를 잡고 있는 것이지, 우리가 이 무기를 잡고 있는 것은 아니다"라고 몽테뉴는 지적한다.[8] 이는 스스로 다스리지 못하는 격정적 분노에 대한 우려이다.

몽테뉴는 분노가 몰고 올 격정에 대해 우려했지만, 그렇다고 모든 분노를 참아야 한다고 생각한 것은 아니다. 사람들이 분노를 숨기다가 그것이 몸에 배어들게 되는 것을 그는 걱정하고 있다. 그래서 몽테뉴는 "점잖은 겉모습을 보이느라고 속으로만 고민하는 것보다는 차라리 격에 맞지 않게 하인의 뺨을 한 대 치는 편이 낫다"고 충고한다. 다만 몽테뉴는 분노를 아끼고 아무렇게나 휘두르지 말라고 권고하고 있는 것이다. 무분별한 분노는 오히려 분노의 효과를 방해하기 때문이다.

앞서 말한 아리스토텔레스도 모든 분노를 다 정당화한 것은 아니었다. 그는 지나치지도 않고 모자라지도 않는 분노를 원했다. 그것은 중용의 분노이며, 절제된 분노이다. 아리스토텔레스는 분노와 관련하여 중용적인 사람을 '온유한 사람'이라고 말한다. 그에 따르면 "온유한 사람은 동요가 없는 사람이며, 또 감정에 의해 휘둘리지 않고 이성이 명한 것처럼 그렇게, 화를 낼만한 대상에 대해 화를 낼만큼의 시간 동안만 분노하는 사람이다."[9] 온유한 사람은 화를 내는 것이 적절하지 않은 사람에게, 적절하지 않은 일을 갖고, 적절하지 않은 방식과 목적으로 화를 내지 않는다. 온유한 사람은 적절한 상황에서 마땅한 때에 화를 낼 줄 알고, 적당한 때에 화를 멈출 줄 아는 사람이다.

감정으로서의 분노가 이성적인 원리와 조화되어 온유함이라는 올바른 감정이 될 수 있다는 것이 아리스토텔레스의 생각이었다. 지나치지 않은, 중용을 따르는 분노의 필요성은 오늘 우리에게도 매우 유용하다. 분노의 과도함으로 인해 오히려 그 분노에 대한 설득력과 공감력을 스스로 훼손시키는 경우를 많이 보아왔기 때문이다. 분노는 행동의 출발선이기는 하지만, 이글거리는 분노의 격정만으로는 많은 사람들을 만날 수가 없다. 나의 지나친 격정은 사람들을 멀리 가게 만들 것이다.

분노, 혁명과 공포의 두 얼굴

역사에서도 격정적 분노는 늘상 얘깃거리가 되어왔다. 프랑스 대혁명기를 다룬 빅토르 위고Victor-Marie Hugo, 1802-1885의 『레미제라블』 앞부분에는 미리엘 주교가 병들어 있는 옛 국민의회 의원 G를 찾아가 나눈 얘기가 소개된다. 왕정복고라는 시대적 배경 속에서 미리엘 주교는 몰락한 혁명가 G에게 혁명이 초래했던 혼란과 분노를 지적한다. "당신네들은 무너뜨렸소. 무너뜨리는 것은 유익할 수는 있소. 하지만 나는 분노섞인 타도는 경계하오." 기존의 것을 파괴하는 혁명의 분노에 대한 반대였다. 하지만 혁명의 일원이었던 G는 분노가 정당했음을 미리엘 주교에게 말한다.

> 권리에는 분노가 있는 것이오, 주교님. 권리의 분노는 진보의 한 요소요. 그야 어쨌든, 그리고 누가 뭐라고 하든, 프랑스혁명은 그리스도의 강림 이래 인류의 가장 힘찬 한 걸음이었소. 미완성이긴 했지. 그러나 숭고했소. 혁명은 모든 사회적 미지수를 끄집어냈소. 혁명은 인간의 정신을 온화하게 하고, 진정시키고, 위안하고, 밝게 하였소. 혁명은 지상에 문명의 물결을 흘려 보냈소. 훌륭한 것이었소. 프랑스혁명은 인류의 축성식이었소.10)

프랑스혁명은 이유가 있었고, 그 분노는 미래에 용서받을 것이라며 G는 말한다. "혁명이 끝나면 사람들은 인정하오. 인류는 곤욕을 치렀으나 진보했음을." 이 말을 마치고 G는 숨지고 말지만, 그의 말은 이전까지 혁명의 분노에 대한 미리엘 주교의 시선을 바꾼다.

이처럼 역사상의 혁명은 분노로부터 촉발되었고, 분노는 혁명을 낳는 힘이었다. 그러나 분노의 감정이 앞선 혁명은 피를 불러오곤 했다. 프랑스 대혁명기에 로베스피에르가 이끌었던 자코뱅파는

1793년 혁명재판소를 설치한 이래 공포정치를 전개한다. 기요틴으로 상징되는 공포정치 기간 동안 파리에서만 약 1,400명이 처형되고 프랑스 전역에 걸쳐 2만 명 이상이 처형된 것으로 알려진다. 공포정치가 기승을 부린 1793년 가을, 프랑스에서는 수많은 사람들이 단두대의 이슬로 사라졌다. 10월 16일에는 왕비 마리 앙투아네트가, 10월 30일에는 지롱드파 지도자 20명이 단두대에서 처형당했다. '지롱드파의 여왕'으로 불리던 마농 롤랑은 11월 8일 단두대에 올랐다. 그녀는 떨지않고 조용히 말했다. "자유여, 너의 이름으로 범죄만을 저지르는구나."[11]

자유는 피를 먹고 자란다고 했다. 하지만 그때 자유가 먹었던 피는 생각보다 많았다. 자유는 피를 먹고 자란 것이 아니라 피로 얼룩진 채 자기의 얼굴을 잃고 말았다. 프랑스 대혁명이 내걸었던 자유의 꿈은 그렇게 공포정치를 자행하기 위한 명분으로 전락하고 말았다. 역사상의 모든 공포정치는 예외 없이 그럴듯한 명분을 내걸고 행해졌다.

괴물과 싸우다가 괴물이 되지 말라

절제되지 않은 분노의 해악이 역사에서만 발견되는 것은 아니다. 우리는 오늘 이곳에서도 과잉 분노가 만들어내는 거칠은 인간 심성의 모습을 많이 보게 된다. 분노를 다스리는 주인이 되지 못한 채 그 노예가 되는 경우를 말이다.

정의롭지 못한 현실에 분노하여 세상을 바꿔야 한다는 '진보적인'

사람들 가운데서도 그런 모습은 흔하게 나타난다. 중요한 정치적 고비 때마다 진보라는 마을의 사람들 내부에서 나타났던 민낯은 이 사회에서 진보가 어째서 많은 사람들의 마음을 얻는 데 실패해왔던가를 생생하게 보여주었다. 권력을 향한 증오의 언어들이야 정치적 정당방위라 설명될 수도 있겠지만, 같은 방향을 바라보고 있는 사람들을 향한 언어의 총질 또한 그에 못지않게 격하다. 정치인 지지층들 사이에서는 정치인들보다 더 공격적이고 폭력적인 언어들이 난무한다. 내가 지지하는 정치인을 비판하는 행위는 악으로 간주되고, 내가 지지하는 인물만이 무오류의 절대선이다. 이들에게는 '나의 것은 선, 나와 다른 것은 악'이다.

트위터, 페이스북, 인터넷방송과 팟캐스트에서는 특정 정파나 정치인의 편에 서 있는 증오와 저주의 언어들이 쏟아지고 있고, 그 우물 안에 모인 마니아들은 열광하곤 한다. 이 같은 광경 그 어디에도 인간에 대한 예의와 사랑은 찾아볼 수 없다. 인간의 고통을 끊어내기 위해 밀알이 되는 진보의 숭고함이나 품격 같은 것도 보이지 않는다. 진보의 숭고한 가치가 자리하고 있어야 할 머릿속에는 자신이 지지하는 정치인에 대한 완고한 집착만이 가득 차 있다. 넓은 세상의 사람들은 고개를 가로저으며 그들의 곁을 떠나간다. 다른 사람들과는 소통하지도, 정서를 공유하지도 못한 채 자신들의 세계에 갇혀 지내는 '진보의 자폐증'이다.

일부의 문제일 뿐이라고 치부할 일이 아니다. 그런 유사 진보가 판을 쳐도 그 누구도 이를 질책하려 들지 않는 진영 내의 비겁한 침묵은 그 내부의 자정능력이 작동되지 못하고 있음을 고백하고 있다. 그러는 사이 세상 사람들은 그 거친 모습이 진보인 줄로 믿어가고 있다. 니체는 『선악의 저편』에 이런 잠언을 적었다. "괴물과 싸우는 사람은 자신이 이 과정에서 괴물이 되지 않도록 조심해야 한다. 만일 네가 심연을 들여다보고 있으면, 심연도 네 안으로 들어가 너를 들여다본다."[12]

내 안에는 지금 무엇이 자리하고 있을까. 이 길에 처음 들어서던 날 품었던 인간에 대한 사랑이라는 소중한 가치가 간직되어 있는가, 아니면 어느 사이에 괴물이 들어와 있지는 않은가. 회의하고 성찰하며 나에게 물어볼 일이다. 핏발 선 눈으로는 인간이 살아 숨쉬는 더 나은 세상을 볼 수가 없다. 그래서 니체는 다시 말한다. "나는 용감한 자를 사랑한다. 그러나 검객이 되는 것만으로는 충분하지가 않다. 누구를 겨냥해서 칼을 휘둘러야 하는가도 알고 있어야 한다!"

사랑의 마음을 잃은 검객은 아무 곳에나 칼을 휘두른다. 그래서 곁에 있는 사람들에게까지 큰 상처를 입히고 만다. 세상 사람들은 성난 검객의 칼이 무서워, 저 칼을 휘두르며 만들려는 세상은 또 어떤 것일까를 회의하며 그 곳을 떠나간다.

성찰 없는 이념의 위험성

강준만 교수는 이를 가리켜 '싸가지 없는 진보'라고 표현했지만, 사실은 성찰의 부재라는 근본적인 문제와 연결되어 있다. 데카르트는 전적으로 확실한 것이 아니면 어떤 의견에 동의하는 것을 삼가야 한다며, 확실한 인식을 찾기 위한 방법으로 '회의'를 말했다. 그는 『방법서설』에서 "나는 내 정신이 보통 사람의 정신보다 모든 점에서 더 완전하다고 주제넘게 생각해 본 적은 한 번도 없다"고 했다. 자기가 믿는 것을 확실하다고 여기지 말고 끊임없이 의심하고 회의해야 진리에 다가갈 수 있다는 의미이다. 또한 몽테뉴는 『에세』에서 "나는 무엇을 아는가?"라는 질문을 던지며 끊임없는 자기 의심과 회의를 통해 더 바른 인식을 추구해야 함을 말했다. 16세기 극단의 대결 시대에 던져진 몽테뉴의 이 같은 성찰 정신은 이후 톨레랑스tolerance의 준거가 된다. 나와 다른 생각을 포용하고 화해할 수 있는 정신 말이다.

이들보다 더 일찍, 아테네 시민법정에 섰던 소크라테스는 조용히 살라는 요구를 거부하며 "'내가 검토 없이 사는 삶은 인간에게 살 가치가 없다'고 말하면, 여러분은 이런 말을 하는 나를 훨씬 더 못 미더워할 겁니다"라고 했다. 인간다운 삶이 무엇인가를 찾기 위해 분투했던 수많은 철학자들은 이처럼 '성찰'을 인간이 지켜야 할 핵심적 덕목으로 제시했다. 끊임없이 자신을 회의하고 성찰하는 인간이라야 스스로를 변화시키고 타인들과 함께하는 삶이 가능하다고 믿었기 때문이다. 반대로 사람이 성찰 능력을 갖지 못하면 자기가 보고 싶은 것만 보고, 듣고 싶은 것만 들으려 한다. 자기의 생각과 다른 것에 대해서는 문을 닫아걸고 그냥 안으로 들어가 버린다.

신념이나 이념과 관련해서도 마찬가지이다. 자기의 신념이나 생각만을 절대적으로 옳은 것으로 신봉하고 그에 대한 어떤 이견도 거부하는 사람들을 볼 수 있다. 자기와 다른 것을 인정하지 못하고 적대시하는 것은 우리 사회에서 보수나 진보를 막론하고 만연해있는 현상이다. 16세기 종교개혁의 지도자였던 칼뱅은 '신정정치'를 내걸고 점차 폭력적인 독재를 해나갔다. 칼뱅은 자신의 해석과는 다른 독립적인 성서 해석을 용납하지 않았다. 칼뱅 자신과 성서 해석을 달리하는 것은 의견의 차이가 아니라, 이단이나 국가적인 범죄로 다스렸다. 그런 칼뱅에게 맞서다가 박해를 당한 것이 카스텔리옹이었다. 카스텔리옹은 종교적인 문제에 대해서는 사람마다 다른 의견을 가질 수 있다고 믿었고, 성서 또한 사람마다 여러 가지 의미로 해석될 수밖에 없다고 생각했다.

> 사람들은 자기 자신의 생각에 대해, 혹은 자신의 생각이 옳다는 생각에 대해 너무나도 뚜렷한 확신을 가진 나머지 오만하게 다른 사람을 멸시하기에 이르렀다. 이러한 오만에서 잔인함과 박해가 나온다. 오늘날에는 거의 사람의 수만큼이나 다양한 견해가 있건만, 다른 사람들이 자신과 견해가 같지 않다면 조금도 참으려 하지 않는다.[13]

카스텔리옹은 목숨을 걸고 칼뱅에 맞섰고, 물론 싸움은 권력을 가진 칼뱅의 승리로 끝났다. 하지만 역사는 카스텔리옹을 '폭력에 대항한 양심'으로 기록하고 있다. 다른 것은 다른 것일 뿐이지, 잘못된 것이 아니다.

정치학자 파커 파머Parker J. Palmer, 1939-는 "사람들에게 자신의 가장 근본적인 신념과 모순되는 확고한 증거를 제시하면, 그들은 자기의 신념을 오히려 더욱 강력하게 옹호하게 되는 경우가 종종 있다"면서 자신의 확신과 가치에 누가 도전하는 것을 더 이상 두려워하지 않을 때, 비로소 우리는 진실에 가까이 가는 정보를 얻을 수 있다고 말한다.[14] 진리에 다가가려는 생각을 갖고 있는 사람이라면 자신의 믿음조차도 질문과 의심의 대상이 될 수 있음을 거부해서는 안 된다. 세상을 바꿔야 한다고 말하면서 정작 자신은 바꾸려 하지 않는다면,

그가 무슨 수로 세상을 바꿀 수 있겠는가.

예수의 부활을 의심했던 도마

카라바조Caravaggio, 1571-1610의 작품 〈의심하는 도마〉는 예수의 부활을 의심하는 제자 도마의 행동, 그럼에도 믿음을 주려는 예수의 모습을 그리고 있다. 예수 그리스도는 사흘 만에 부활하여 자신이 생전에 예고했던 대로 제자들 앞에 나타난다. 예수는 십자가에 못 박히기 전 로마 병사들의 창에 찔린 상처를 보여준다. 하지만 부활의 현장에 없었던 도마는 자기 손으로 예수의 상처를 만져 보기 전에는 믿을 수 없다고 한다. 이때 예수는 "네 손가락을 이리 내밀어 내 손을 보고, 네 손을 내밀어 내 옆구리에 넣어 보라. 그리하고 믿음 없는 자가 되지 말고 믿는 자가 되라"고 했다고 『요한복음』 20장 27절은 전한다. 도마는 그러고 나서야 예수의 부활에 대한 믿음을 갖게 된다.

이 일 때문에 도마는 『요한복음』에서 부족한 믿음의 상징으로 표현되고 있다. 하지만 나는 오히려 예수조차도 의심하며 손가락으로 상처를 만져보고, 그러고 나서야 믿음을 갖는 도마의 모습에서 의심할 줄 아는 이성의 작동을 발견한다. 카라바조의 그림은 이 순간을 너무도 현실감 있게 표현하고 있다. 예수의 상처에 손가락을 넣어보는 도마의 표정은 정말로 궁금함이 넘친다. 옆에 있는 다른 제자들도 도마를 비웃는 것이 아니라, 상처를 들여다보며 그 결과가 궁금하다는 표정을 짓고 있다. 이 그림 어디에서 신비주의의 흔적 같은 것은

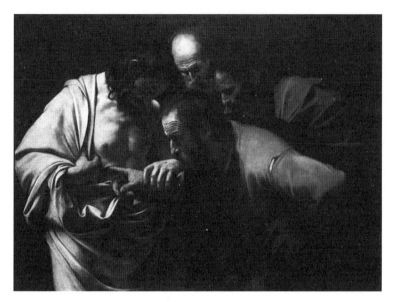

카라바조 〈의심하는 도마〉 1602

없다. 예수는 그저 평범한 사람의 모습으로, 자신을 의심하는 사람 앞에서 상처를 내보이고 있다. 예수에게조차 의심의 얘기를 던지며 자기 눈으로 확인한 뒤에야 부활을 믿는 도마, 그는 비록 성경에서는 믿음이 없는 자로 폄하되었지만, 세속의 세계에서는 합리적 의심 능력을 가진 인간으로 대접해줘도 좋을 것이다. 인간의 이성으로 의심해서는 안될 것은 아무 것도 없다.

혁명적 이념의 출발도 사람이었다

이 모든 오류들은 자신이 출발했던 곳을 망각하는데서 비롯된다. 사람에서 출발하여, 사람의 아픔과 기쁨의 숨결을 함께 하며 살아가는 사람은 자기 관념의 세계에 갇히지 않고 살아간다. 가장 혁명적이었다고 하는 이념의 창시자들도 출발은 그러했다. 현대 사회주의 이념의 창시자 엥겔스Friedrich Engels, 1820-1895의 대표작『영국 노동자 계급의 상태』는 19세기 영국 노동자들의 고통스러운 삶에서부터 시작한다.

엥겔스는 이 책을 통해 성인 노동자들은 보통 12~16시간씩, 6세 미만의 어린이들조차도 10시간씩 탄광에서 노동하는 영국의 현실을 고발했다.[15] 엥겔스는 이전까지의 공상적 사회주의가 노동자들에 대한 동정심과 연민에서 출발하여 사회구성원들의 도덕심에 호소하는 한계를 가졌다고 비판하면서, 사회주의가 과학이 되기 위해서는 자본주의에 대한 체계적인 분석이 필요함을 역설했다. 1848년 마르크스Karl Marx, 1818-1883와 함께『공산당선언』을 써서 그 후 공산주의라는 이념의 원조격으로 알려진 그였지만, 그의 출발은 이념이 아니라 영국 사회에서 살아가고 있는 노동자들의 구체적인 삶이었고, 그들에 대한 연민과 사랑이었다.

이는 마르크스의 경제학 고전인『자본론』의 경우도 마찬가지이다. 마르크스는 영국 성냥 제조공들의 참혹한 실상에 대해 쓰고 있다.

> 이 제조업은 비위생적이고 작업조건이 나쁜 것으로 평판이 나 있었으므로, 노동자계급 중 가장 비참할 뿐인 굶주려 죽게 된 과부 등등이 그들의

아동들을 이 제조업에 보내고 있었다. 위원회의 위원인 하이트가 심문한 증인들 중 270명은 18세 미만, 50명은 10세 미만이었고, 10명은 겨우 8세, 5명은 겨우 6세였다. 노동일의 길이는 12시간으로부터 14, 15시간 사이였고, 야간노동이 진행되며, 식사는 그 시간이 불규칙할 뿐 아니라 대다수의 경우 인독燐毒이 가득 찬 작업장에서 하지 않으면 안 되었다. 만약 단테가 이 제조업의 광경을 보았더라면 그가 상상한 처참하기 그지없는 지옥의 광경도 여기에 미칠 수 없다는 것을 발견했을 것이다.[16)]

마르크스와 엥겔스의 혁명이론도 그 출발은 사람이었다. 당시 노동자들의 고통스러운 노동 실상을 직시했던 이들은 자본주의 경제의 모순을 분석하는 작업을 했던 것이고, 이것이 결국 "만국의 프롤레타리아여 단결하라!"는 공산당선언으로 이어졌던 것이다. 결국은 실패했지만 이들의 시작은 그러했다.

영원한 것은 푸른 생명의 나무

"여보게, 모든 이론은 회색이고, 영원한 것은 저 푸른 생명의 나무라네." 너무도 잘 알려진 이 말은 괴테Johann Wolfgang von Goethe, 1749-1832의 『파우스트』1부에 나오는 문장이다. 파우스트 박사 행세를 하던 메피스토펠레스가 박사를 찾아온 학생에게 하는 말로, 영원한 것은 이론이 아니라 푸른 생명의 나무, 그러니까 사람들의 구체적 삶 속에 녹아있는 고통과 꿈과 사랑같은 것들이라는 의미이다. 인간과 유리된 창백한 이론은 영원할 수가 없다는 얘기이다. 이 문장은 레닌

이 1917년에 쓴『전술에 관한 편지들』에서도 인용이 되는데, 마르크스주의자들이 추상적 이론에 갇히지 말고 구체적인 현실을 있는 그대로 파악해야 한다는 의미로 사용되었다. 그 뒤로 사회주의자들이 교조주의에 반대하는 얘기를 할 때 이 문장을 인용하곤 했다.

실제로 그렇다. 이념은 유한하고 인간은 영원하다. 이론과 이념은 시간이 지나면 언제든지 바뀔 수 있다. 대학교 신입생 시절 사회학개론 첫 수업 때 교수님에게서 들은 얘기가 있다. "젊은 시절 마르크스주의에 빠지지 않아도 바보이고, 나이가 들어서까지 마르크스주의에 빠져있어도 바보다." 정의감에 불타 진보적 사상이라면 무조건 빠져들다시피 하던 그 때는 그냥 의례적인 얘기로 들렸다. 나이가 들어도 우리는 달라지지 않을 것이라는 생각을 하며 웃어넘겼다. 하지만 우리 세대에게 있어서 마르크스주의는 마냥 오래갈 수 있는 이념은 아니었다. 동구 사회주의가 몰락하고 페레스트로이카 열풍이 불면서 이념으로서의 마르크스주의는 급격히 퇴조했고, 현실 적합성을 상실하기에 이르렀다. 질풍노도의 청년시절을 벗어나면서 우리는 적어도 이념으로서의 마르크스주의는 버렸다.

하지만, 이념은 버렸지만, 지금까지 평생을 같이 가고 있는 것은 인간에 대한 사랑이다. 우리는 해고노동자들의 자살 소식에 가슴 아파하며, 생활고를 견디다 못해 동반자살을 택한 어느 가족의 소식에 눈시울을 적신다. 지금 당장 그들을 위해서 무엇을 할 수 있는 것은 아니지만, 내가 살고 있는 사회의 한 곳에 그렇게 아파하는 사람들이 살고 있다는 것을 생각하면서 연민도 갖고 채무의식도 갖는다. 그래서 내가 사는 이 사회에서 약자의 눈물이 그칠 수 있도록 조금이라도 사회를 좋게 변화시키려는 노력을 기울인다. 인간으로서 동시대인들에 대한 사랑을 아직 간직하고 있기에 가능한 일이다. 그것은 굳이 진보니 뭐니 하는 이념으로 표현할 일도 아니다. 그냥 사람이 함께 사는 사람들을 생각하고 배려하는 것 그 이상도 이하도 아니다. 우리가 가졌던 이념이라는 것이 있었다면 그 시작은 인간에 대한 이런 식의 사랑이었을 것이다. 그렇다면 그 시작으로 돌아가는 것이다.

구체적 인간에 대한 구체적 사랑을 간직하지 못한 채 이념만을 추구했던 사람들이 시간이 지나면 정반대의 삶을 사는 모습을 종종 본다. 젊은 시절 극단적인 이념을 갖고 진보운동을 하다가 나이가 들어 정치를 하게 되면서, 그때부터는 정반대로 극단적인 보수를 추구하며 오히려 약자들을 멸시하거나 억압하는 위치에 서는 정치인들을 자주 보게 된다. 당혹스럽다. 어떻게 한 인간의 짧은 생에서 저렇게 극과 극의 전혀 다른 두 얼굴이 나올 수 있을까라는 의문이 든 적이 한두 번이 아니다. 아마 인간에 대한 사랑을 간직하면서 살아왔던 사람들이라면 그렇게 약한 사람들의 가슴에 못을 박는 언행을 하지는 않을 것이다. 그들이 젊은 날 부여잡았던 것은 생명 없는 화석과도 같은 이념이었기에 세월이 지나면서 그것도 함께 가버린 것이다.

반면에 학생 시절에는 진보운동 같은 것도 전혀 하지 않았지만 사회에 나와서 어려운 사람들을 위한 삶을 살아가는 사람들도 있다. 학생 시절 거창한 이념을 말하고 운동을 말했던 사람들은 오히려 자기 살길 찾기에 여념 없는 모습을 많이들 보였는데, 그와는 무관했던 사람이 더 어려운 헌신의 길을 가고 경우를 종종 보게 된다. 결국 남는 것은, 그리고 우리의 삶을 좌우하는 것은 이념이 아니라 사람에 대한 사랑이었다.

내 얼굴을 잃지 않는 삶

　그래서 초심을 지켜야 한다. 분노의 격정으로 내 얼굴이 망가지는 일 없이, 내 본래의 얼굴을 지키며 살아가야 한다. 무라카미 하루키의 소설 『1Q84』에는 이런 말이 나온다. "이 자연계에서 인간이 자기 자신 이상의 존재가 된다는 것은, 자기 자신 이하의 존재가 된다는 것과 똑같은 만큼의 깊은 죄악이다."

　자기의 원래 모습 이하의 존재가 되는 것도 잘못이지만, 자기의 실제 모습 이상이 된다는 것도 그 이상의 죄라는 의미이다. 사람은 그냥 자기 얼굴대로 자연스럽게 살아가면 되는 것이다. 어떤 사명감이나 책임감으로 어깨가 무겁더라도, 가장 자연스러운 표정으로 자기 길을 갈 수 있어야 한다. 그래야 행복하다. 자신이 행복하지 못한 사람이 다른 사람들을 행복하게 해줄 수 있겠는가. 그것은 거짓이다. 나부터 행복해야 그 마음을 갖고 다른 사람들을 행복하게 하고 세상을 좋게 만들어갈 수 있다.

　리투아니아 출신의 여성혁명가 엠마 골드만Emma Goldman, 1869-1940은 "내가 춤출 수 없다면 혁명이 아니다"라고 했다. 무정부주의자인 그녀가 동성연애자들을 두둔했다가 동료들의 비판을 받자 한 얘기이다. 우선 자기 자신이 즐겁고 기뻐야 혁명운동도 할 수 있다는 철학이 녹아있는 말이다.

　그림은 로댕Auguste Rodin, 1840-1917의 〈대성당〉이다. 두 손은 모두 오른손인 것으로 보아 서로 다른 두 사람의 손이다. 두 손은 아직 서로 잡지도 않은 상태에서 닿을 듯 말듯 한 모습이어 맞잡음에 대한 간절함을 더욱 느끼게 해주고 있다. 이 작품의 이름이 어째서 〈대

로댕 〈대성당〉 1908

성당〉이라고 붙여진 것일까. 작품에는 두 사람의 손만 있을 뿐, 성당을 암시하는 아무 것도 없다. 그런데도 〈대성당〉이라는 이름이 붙여졌고, 사람들은 실제로 이 조형물을 보면 성당에서나 가능한 성스러움을 느낀다. 인간들이 서로의 손을 맞잡으며 사랑을 나누는 것이 곧 신과의 만남을 연상시킬 수 있기 때문이다.

이는 철학자 레비나스Emmanuel Lévinas, 1906-1995가 말한 타자의 윤리와 맞닿아 있다. 레비나스에게서 타인과의 만남은 신과의 만남이며 궁극적인 자아의 실현에서 타자관계는 계시의 조건이다. 타자는 신의 현시이며, 타자는 인간이며 신이기도 하다. 인간은 타자를 만남으

로써 신을 만날 수 있는 것이다.[17]

레비나스는 이전까지의 서양철학이 '나'에 대한 사유에 갇혀있던 것에서 탈피하여 '나'의 바깥에 있는 타자와 만남으로써 무한성의 진리와 인격적인 지고의 가치를 찾으려 했다. 레비나스의 타자 윤리에는 이기적인 나 자신을 떠나서 신에게서 받은 사랑을 실천하라는 명령이 담겨져 있다. 타인에 대한 사랑과 희생이 그 어떤 철학적 사유보다 앞선 인간의 가치라는 것이다.

이렇듯 타자와의 관계 속에서 '나'를 생각할 수 있는 생명체는 지구에서 인간 밖에 없다. 다른 동물도 자기 새끼는 사랑한다. 하지만 직접적인 혈연을 벗어나 세상의 다른 사람들과 손을 맞잡는 사랑을 통해 자기 가치를 실현하는 기쁨을 누리는 존재는 인간뿐이다. 인간에 대한 사랑에 담긴 따뜻한 마음은 더 나은 세상을 원하는 사람이라면 간직해야 할 최우선적 덕목이다.

아무리 세상이 험하고 때로는 저주스럽더라도 내 마음마저 차가워지고 거칠어진다면 우선 나부터 망가지게 된다. 그 망가진 심성을 갖고 어떻게 사람들이 따뜻하게 사는 세상을 말할 수 있겠는가. 우리는 이미 역사에서 수없이 확인했다. 차가운 이념만으로는 인간의 삶을 개선시킬 수 없다는 것을. 사랑이 거세된 이념들만의 대결은 증오를 낳았고 전쟁을 낳았으며 학살을 낳았다. 자본주의에서도 그랬고 사회주의에서도 그러했다. 핏발선 눈으로는 사람의 숨결까지 볼 수 없다. 따뜻한 눈길만이 얼어붙은 동토의 시대를 녹이는 군불이 될 수 있다. 비록 시간이 걸릴지라도.

6장
고통에도 의미가 있는 걸까

"이 세상의 짐승 가운데서 인간이 가장 두려워하는 것은
바로 인간 자신이다."

– 몽테뉴, 『에세』

이렇게 살아도
되는 걸까

6장 고통에도 의미가 있는 걸까

삶이 고통스러움을 호소하는 표현에 "이렇게 사느니 차라리 죽는 게 낫다"는 말이 있다. 오죽하면 그런 소리가 입에서 나올까 싶지만, 옛부터 고통은 인간을 집요하게 괴롭혀왔다. 니체의 『비극의 탄생』에는 미다스왕과 실레노스의 얘기가 소개된다. 미다스왕이 오랫동안 숲 속에서 지혜의 요정 실레노스를 추적했지만 잡지 못하다가 마침내 찾았다. 왕은 실레노스한테 물었다. "인간에게 가장 좋은 것, 가장 훌륭한 것은 무엇이냐?" 실레노스는 침묵하다가 다시 왕이 강요하자 마침내 껄껄 웃으며 이렇게 대답했다.

가련한 하루살이여, 우연의 자식이여, 고통의 자식이여, 왜 하필이면 듣지 않는 것이 그대에게 가장 복될 일을 나에게 말하라고 강요하는가? 최상의 것은 그대가 도저히 성취할 수 없는 것이네. 태어나지 않는 것, 존재하지 않는 것, 무無로 존재하는 것이 바로 그것이네. 그러나 그대에게 차선의 것은 바로 죽는 것이네.[1]

가장 좋은 것은 태어나지 않는 것이었지만, 어차피 태어났으니 이제라도 차선은 빨리 죽는 것이라 게 실레노스의 말이었다. 인간의 삶이란 그만큼 고통스럽기에 사는 것보다 죽는 것이 낫다는 이유에서이다. 니체는 이 얘기를 소개하면서 "그리스인은 실존의 공포와 경악을 알고 있었고 느꼈다"고 말한다.

실레노스는 왜 삶을 이렇게까지 비극적으로 인식했을까. 이는 그가 키운 디오니소스*가 겪은 고통에서 비롯된다. 제우스와 세멜레의 사이를 질투하던 헤라의 꼬드김에 넘어간 세멜레는 제우스의 번개를 피하지 못하고 타 죽는다. 그때 세멜레의 뱃속에는 아직 완전한 모습을 갖추지도 못한 아기 디오니소스가 있었는데, 그녀의 자궁에서 꺼내어져 아버지 제우스의 넓적다리 안에 꿰매어진 다음 거기서 달이 차기를 기다렸다고 한다.[2] 그렇게 태어난 디오니소스의 고통은 여기서 끝나지 않았다. 그는 헤라의 저주를 피해 살다가 발각되어 온 몸이 찢겨져 죽는 지경이 되었다가 다시 아폴론에 의해 꿰매져 살아난다. 디오니소스를 맡아 양육해서 그의 비극적 삶을 아는 실레노스에게 삶이란 고통스러운 것이었고 차라리 죽는 것이 나은 것이었다.

고통에서 벗어날 수 없는 인간

인간은 그처럼 원초적 고통에서 헤어나기 어려운 존재인가. 디오

* 주(酒)의 신. 그리스 신화에서는 디오니소스라 하고, 로마 신화에서는 박쿠스라 한다.

니소스가 그랬듯이 삶의 비극은 반복되는가. 태어나지 말았어야 할 우리는 이제라도 죽어버리는 것이 차선인가. 모두가 다 실레노스는 아닐 텐데.

니체보다 앞서 인간 고통의 근원을 찾아 나선 철학자가 쇼펜하우어Arthur Schopenhauer, 1788-1860였다. 쇼펜하우어는 "세계는 바로 지옥"이라고 했다. 인간은 살아있는 한 고통스러울 수밖에 없기 때문이다. 고뇌와 고통은 인간의 기본 속성으로, 인간은 근원적으로 고통의 수중에 들어가 있다. 인간의 맹목적인 충동의 의지는 마음속에 의욕을 낳는다. 그리고 인간은 이 의욕을 채우기 위해 목표도 휴식도 없는 끝없는 노력을 하게 된다. 그래서 인간은 철두철미하게 의욕과 욕구를 좇는 존재이며 무수한 욕망의 덩어리다. 인간은 이 욕망을 품고 살아가고 있다. 그에 따라 날마다 새로이 생기는 무거운 요구에 시달리며 자신의 현존現存을 유지하기 위해 한평생 걱정하며 살아간다.

그런데 자신의 의욕이 달성되었다고 해서 인간이 행복해지는 것은 아니다. 의욕이 너무 쉽게 충족되어 소멸되면 인간은 다시 공허해지고 무료함에 빠지게 된다. 행복을 느낄 시간조차 없이 다시 결핍을 느끼게 된다. 그래서 인간의 삶은 시계의 진자振子처럼 고통과 무료함 사이를 왔다 갔다 하게 되고, 이 두 가지가 삶의 궁극적인 구성 요소가 된다.

결국 고뇌를 추방하려는 끊임없는 노력은 고뇌의 형태를 바꾸는 것에 불과하다. 이 고뇌가 다른 고뇌로 바뀌는 데 그칠 뿐이다. 부족함, 곤궁함, 근심 같은 고통을 몰아내는데 성공한다 해도, 고통은 또 다른 모습들로 교대하여 나타난다. 성적 욕구, 열정적인 사랑, 질투,

부러움, 증오, 불안, 명예욕, 금전욕, 질병 같은 고통이 다시 생겨난다. 그러다가 다른 고통이 더 이상 생겨나지 않게 되면, 그때는 싫증과 무료함이 슬픈 회색 옷을 입고 나타난다.

이래도 고통스럽고 저래도 고통스러운 것이 인간의 삶이다. 그래서 고통은 피할 수 없는 것이고, 지금까지의 고통이 없어지고 사라지면 새로운 고통이 일어난다고 쇼펜하우어는 말한다. 즉, 모든 개인에게 본질적인 고통의 양은 본성적으로 정해져 있다. 우리를 괴롭히는 큰 걱정이 다행스럽게 끝나 가슴에서 사라지자마자 그 대신 다른 걱정이 나타나는 것이다. 그래서 인간은 고통에서 벗어날 수가 없다.[3]

인간이 고통에서 벗어날 수 없는 것이라면 우리는 고통을 운명으로 받아들이며 그것에 갇혀 평생 어두운 삶을 살아야 하는가. 그렇지 않다. 니체가 실레노스의 얘기를 전한 이유는 고통이 숙명이라고 얘기하려는 것이 아니라 그 반대였다. 『비극의 탄생』에 흐르는 니체의 관심은 그리스인들이 자신들의 삶의 고통을 어떻게 극복해 내는가 하는데 있었다.

니체는 삶이 갖는 원초적 비극성을 명랑성으로 극복해낸 그리스인들의 디오니소스적 정신을 기린다. 니체는 서양의 문화가 너무 아폴론적인 것에 치우쳐있다고 비판했다. 여기서 이성과 꿈은 아폴론적인 것이고, 감성과 도취는 디오니소스적인 것이다. 예술로 치면 아폴론적인 것을 대표하는 것이 조각이고, 디오니소스적인 것을 대표하는 것이 음악이다. 그리스 비극은 도취라는 디오니소스적 정신을 구현하여 인간의 원초적 감정을 통해 고통을 극복하는 삶을 이끌었다. 인간은 냉철한 이성만 갖고 살 수 있는 것이 아니라, 자신을 풀

어헤치는 감성의 세계에 빠지는 것도 필요하다.

그러나 니체에 따르면 고대 그리스 비극의 전통은 이성에만 몰두한 소크라테스에 의해 해체되고 만다. 그래서 니체는 소크라테스주의를 '데카당'*, 즉 '퇴락'이라고 비판한다. 니체가 한때 바그너에 매료되었던 것도 그의 음악이 그리스 예술의 재현이라고 생각했기 때문이다. 그리스인들이 그러했듯이, 인간은 고통을 이성이 아니라 디오니스적인 도취와 예술적 충동을 통해 극복해낸다고 니체는 보았던 것이다. 인간은 삶이 아무리 고통스러워도 그냥 주저앉지 않는다. 인간은 감성의 세계인 예술을 통해 고통을 극복했다. 『비극의 탄생』을 쓸 무렵의 니체는 그리스인들의 정신에서 그 힘을 발견했던 것이다.

라오콘은 왜 비명을 지르지 않았을까

인간이 고통을 어떻게 대했는가에 대한 얘기는 〈라오콘 군상〉을 통해서도 찾아 볼 수 있다. 1506년 로마 콜로세움 근처 한 포도밭에서 땅을 파던 농부에 의해 조각상이 발견된다. 이것이 그 유명한 〈라오콘 군상〉이었다. 기원전 1세기 경 로도스 섬의 하게산드로스, 아테노도로스, 폴리도로스 세 사람이 제작한 것으로 알려진 이 조형물

---

* 데카당이라는 용어는 원래 로마 제국 말기의 문화적인 쇠퇴와 향락성을 가리키는 부정적인 의미로 사용되었는데, 니체는 생명력의 쇠퇴, 퇴락, 몰락 같은 의미로 사용한다. 니체는 지금 여기 있는 나의 존재가 아니라 저 너머에 있는 이데아나 천국을 말하는 기독교 도덕과 플라톤 철학도 데카당으로 비판한다.

은 헬레니즘 시대 인간의 고통을 표현한 대표작으로 일컬어지고 있다. 당시 이 조각상이 발견되었다는 소식을 접하고 달려간 미켈란젤로의 입에서는 '예술의 기적!'이라는 외침이 나왔다고 할 정도의 걸작으로 꼽힌다. 이 작품은 알렉산드로스의 원정으로 폴리스가 파괴되어 공동체의 동질성이 해체된 헬레니즘 시대의 삶의 고통을 표현하고 있다. 그들 군상은 거대한 제국 아래에서 좌절하고 괴로워하는 당시 군중들의 모습이다.

〈라오콘 군상〉은 트로이 전쟁이 끝나갈 무렵 트로이의 사제였던 라오콘에 관한 이야기이다. 아테네군이 목마를 두고 철수하자 트로이 진영에서는 이를 전리품이라며 기뻐했다. 그런데 라오콘은 그의

〈라오콘 군상〉

148

동료들에게 그리스인들이 보내는 목마를 받아들이지 말라고 미리 알려준다. 목마에는 그리스 군인들이 숨어 있었기 때문이다. 라오콘의 행동을 본 바다의 신 포세이돈은 화를 내고 두 마리의 거대한 바다뱀을 보내 라오콘과 그의 아들을 질식시켜 죽였다. 이 조각을 보라. 라오콘 왼쪽의 아들은 자신을 감고 있는 뱀을 떼어내려 하면서 아버지를 애타게 쳐다보고 있다. 오른쪽의 아들은 이미 죽었다. 눈앞에서 죽어가는 아들들을 보는 아버지의 마음은 어떠했을까. 하지만 라오콘도 이미 뱀에 물려 죽어가고 있다. 어쩔 도리가 없다. 그래서 아들과 함께 죽어가는 그의 표정은 슬픔과 고통에 젖어있다.

그런데 의아한 것은 이 군상에서 라오콘은 비명을 지르지 않고 있다는 점이다. 인간은 육체적 고통이 너무 심하거나 신체적 불안이 갑자기 엄습해왔을 때 조용히 인내하려는 의식은 밀려나 버리는 대신, 본능적으로 비명을 질러 공포를 완화시키려 한다. 그 비명은 고통과 공포의 표현이기도 하며 자신을 살려달라는 애원의 요청이기도 하다. 하지만 라오콘의 얼굴은 괴로운 표정을 짓고 있지만 절규하는 소리는 지르지 않는다. 대신 그의 눈은 신의 구원을 기다리고 있고, 입가에는 비애가 가득 차 있다. 아래 입술은 고통으로 무겁게 침강하는 듯한 분노가 엿보인다. 더구나 이마 아래 부분에는 고통과 이에 대한 저항의 갈등이 고요하게 표현되고 있다. 예리하게 표현된 눈에는 고통이 엿보인다. 그러나 눈썹은 치켜세워져 강하게 눈언저리를 누르며 고통의 압박에 저항하고 있다.

고통을 드러낼 것인가, 참을 것인가

독일의 미술사가 빙켈만Johann Joachim Winckelmann, 1717-1768은 이를 예술가적 정신의 표현으로 설명했다. 빙켈만은 『그리스 미술 모방론』을 통해 베르길리우스의 서사시 『아이네이스』에서는 "라오콘이 별에 들릴 정도로 무섭게 부르짖었다"고 설명한 반면에, 조각상 〈라오콘 군상〉의 미적 특징은 '고귀한 단순함'과 '고요한 위대성'에 있다고 대비시킨다.

빙켈만에 따르면 그리스 걸작들의 탁월한 특징은 결국 자세와 표현에서의 고귀한 단순함과 고요한 위대성이다. 바다 표면이 사납게 날뛰어도 그 심해는 항상 평온한 것처럼, 휘몰아치는 격정 속에서도 침착함을 잃지 않는 위대한 영혼을 이 작품은 나타낸다. 이러한 영혼은 격렬한 고통 속에 있는 〈라오콘 군상〉의 얼굴에도 잘 묘사되어 있다. 고통은 얼굴뿐 아니라 모든 근육과 힘줄에도 나타나 있고, 움츠러든 하복부를 보는 것만으로도 그 고통을 짐작할 수 있다. 그럼에도 얼굴이나 전체 자세에서는 고통에 찬 격정이 전혀 드러나 있지 않다. 베르길리우스가 라오콘이 질렀다고 표현한 절규는 외쳐지지 않은 것이다. 조각상 전체에 걸쳐 육체의 고통과 영혼의 위대함이 적절하게 분배되며 균형을 이루고 있다.

라오콘은 괴로워한다. 마치 소포클레스의 작품 속에 나오는 필록테테스*처럼 괴로워한다. 그의 고통은 우리들의 영혼에까지 스며 들

---

* 필록테테스는 헤라클레스가 장작더미 위에서 화장될 때 불을 붙여준 댓가로 활을 물려받은 명사수였으나 그리스군이 트로이로 원정을 가던 도중에 무인도에서 그만 독사에 물리고

어온다. 그러나 우리들은 라오콘이 그 고통을 견딜 수 있게 되기를 바란다. 빙켈만은 예술가의 지혜가 조각상에 평범한 영혼 이상의 것을 불어 넣었다고 설명한다.[4]

그리스 조각상들의 모든 동작과 자세가 이런 지혜로운 성격으로 나타난 것은 아니다. 너무 격렬하고 거친 모습으로 표현하는 것은 고대 예술가들이 파렌티르소스*라고 부른 오류에 빠져든 결과이다. 평온의 상태를 지나치게 벗어난 모습에서는 영혼이 본래의 참된 상태가 아니라 무리하고 부자연스러운 상태에 빠지게 된다. 영혼은 평온의 상태로 표현될 때 더욱 위대하고 고귀하다. 따라서 라오콘에서도 고통만 묘사되었다면, 그것은 격정 과잉의 파렌티르소스가 되었을 것이다. 고통에 직면하여 비통하게 절규하는 것이 아니라, 고요한 정신의 위대함을 잘 표현한 것은 〈라오콘 군상〉의 기적이며, 동시에 모든 그리스 미술을 관철하는 정신이었다고 빙켈만은 평가한다.

그러나 문학비평가 레싱Gotthold Ephraim Lessing, 1729-1781은 빙켈만의 해석을 비판하며, 〈라오콘 군상〉에 비명이 없었던 것을 미술 고유의 속성에 따른 결과로 설명한다. 표현을 미술의 한계 이상으로 끌고 가지 않고 아름다움의 법칙에 종속시켜야 했기에 〈라오콘 군상〉에서는 아름다움을 위해 비명을 희생시켰다는 것이다. 조각가는 최고의 아름다움을 목표로 작업했다. 그런데 육체적 고통은 몸을 뒤틀리

만다. 독이 퍼져 심한 악취를 풍기며 끔찍한 비명을 지르기를 멈추지 않았던 그는 결국 무인도인 렘노스 섬에 버려지고 만다.

* 빙켈만은 지나친 격정의 표출을 고대 수사학의 용어를 빌려 '파렌티르소스'(parenthissos)의 오류'라 부르고 있다

게 하는 격렬함 때문에 아름다움과 연결될 수 없었다. 조각가는 고통을 완화시켜야 했다. 절규를 탄식으로 완화할 수밖에 없었던 것이다. 절규가 비천한 영혼을 드러내기 때문이 아니라, 얼굴을 보기 흉하게 일그러뜨리기 때문이다.

그도 그럴 것이, 라오콘이 입을 크게 벌렸다고 생각하고 판단해보라. 그가 절규한다고 생각하고 판단해보라. 원래는 아름다움과 고통을 동시에 보여주기 때문에 동정심을 불러일으키는 모습이었다. 그런데 보기 흉하고 혐오스러운, 외면하고 싶은 모습이 되고 말 것이다. 왜냐하면 고통을 보는 것은 불쾌감을 불러일으키기 때문이다. 그래서 비명은 희생된 것이라고 레싱은 해석한다.

하지만 베르길리우스의 서사시에 나온 라오콘은 비명을 지른다. 라오콘의 참을 수 없는 고통을 우리에게 감지시킬 수 있는 방법은 이 비명뿐이었다. 이것이 레싱이 말하는 조각적 서술과 문학적 서술의 차이이다. 미술은 아름다운 형상을 위해 격정을 표현하지 않을 수 있지만, 문학은 인간의 약점조차 부끄러워하지 않고 고통의 외침을 표현할 수 있다. 문학이 미술에 대해 표현의 우위에 서게 되는 이유이다. 그래서 빙켈만이 베르길리우스를 비난했음을 기억하는 레싱은 이렇게 묻는다. "누가 아직도 베르길리우스를 비난하겠는가? 조각가가 라오콘에게 비명을 지르지 않게 한 것이 잘한 일이었다면, 시인이 그에게 비명을 지르게 한 것 역시 그 못지 않게 잘한 일이었다."[5]

여기서 〈라오콘 군상〉에 대한 빙켈만과 레싱의 논쟁을 소개하는 까닭은, 그 바탕에 고통을 대하는 인간의 태도에 대한 상이한 시선이 자리하고 있기 때문이다. 빙켈만에게는 고통과 격정 속에서도 침착함을 잃지않는 인간의 위대한 영혼에 대한 찬미가 자리하고 있다. 반면 레싱은 아름다움을 위해 고통의 절규를 희생시킬 수밖에 없는 미술적 표현의 속성을 설명하면서 결국은 라오콘의 비명을 표현할 수 있는 문학의 우위를 말한다. 레싱에게는 인간이 고통을 못견뎌 약한 면을 표현하는 것은 부끄러운 일이 아니다. 빙켈만이 말하듯 고통을 절제하며 평온함을 잃지 않는 것이 옳은가, 아니면 레싱이 말하는 문학에서의 표현처럼 고통스러우면 고통스러운 그대로 표현하는 것이 옳은가. 나의 고통스러움을 어떻게 드러내는 것이 옳은가. 절제해야 하는가, 있는 그대로 표현해야 하는가.

물론 쇼펜하우어는 『의지와 표상으로서의 세계』에서 "보는 사람에게 미치는 절규의 본질과 효과도 오직 소리에 있는 것이지 입을 크게 벌리는 것에 있지 않다. 따라서 라오콘의 입이 크게 벌어져있지 않는 것이 그가 겪고 있는 고통의 덜함을 의미하는 것은 아니다"[6]라고 말한다. 그렇다. 고통을 인내하며 표현을 절제한다는 것이 고통의 덜함을 의미하는 것은 아니다. 그것은 주체가 고통을 다스림으로써 고통이 자신에게 미치는 상처를 덜하도록 만든다는 의미이지, 고통 자체가 가볍기 때문은 아닐 것이다. 누구에게도, 가벼운 고통은 없다. 단지 그 고통을 어떻게 받아들이는가의 차이가 있을 뿐이다. 여기 고통 속에서도 투혼을 불사른 삶을 살았던 두 사람의 얘기를 해보자.

고통스러웠기에 깨어있었던 니체

니체는 삶에 대한 긍정적 파토스를 갖고 인간의 의지를 누구보다

강조했지만, 자신은 평생을 깊은 고독과 육체적 고통 속에서 살아야
했던 철학자였다. 그가 다섯 살이 되던 해에 아버지가, 그 다음 해에
는 남동생이 사망했다. 그 이후 니체는 어머니, 할머니, 여동생 등
여성들에 둘러싸여 생활하게 되었는데, 가족들 사이의 불화, 어머니
의 과보호 본능, 가족 안에서의 불안정한 위치 같은 일들로 인해 불
안한 어린 시절을 보냈고 자신을 고독한 존재로 받아들이게 되었다.
한 곳에 머무르지 않은 그의 방랑자적 삶은 불안했던 어린 시절의
영향이었다. 특히 16세 연하였던 살로메와의 만남에서 사랑을 느꼈
으나, 정신적 교류만을 원했던 그녀에게 청혼을 거절당하고서 고독
의 깊이는 더해졌다. 게다가 그리스 정신의 재현으로 그토록 칭송했
던 바그너에 실망하게 되어 그를 비난하며 결별한 이후에는 바그너
주의자들로부터의 비난을 견뎌내야 했다. 자신의 저작에 대한 무관
심 혹은 비난들은 그의 정신적 고통을 더욱 깊게 만들었다.

그러나 무엇보다 니체를 평생 괴롭힌 것은 건강 이상에 따른 고통
이었다. 어린 시절부터 눈에 통증이 시작되어 빛을 견뎌내지 못하
게 되었고, 만성적인 위장 장애, 심한 편두통이 죽는 날까지 따라다
녔다. 격렬한 구토에 시달려야 하는 경우가 잦았고, 젊은 시절부터
는 매독으로 인한 고통까지 더해졌다. 건강의 악화로 대학 교수직에
계속 있는 것도 어려워졌고, 고독한 투병생활을 하면서 좋은 공기와
따뜻한 기후를 찾아 이곳저곳 옮겨 다니며 방랑자적 삶을 살았다.
니체는 자신의 삶을 회고한 『나의 여동생과 나』에서 "또한 (아버지가
사망한) 그 무렵부터 나의 두 눈이 현저하게 아프기 시작했다는 것,
그리고 손가락으로 두 눈을 규칙적으로 문지르는 버릇이 나에게 생
겼다는 것도 나는 기억한다. 나는 격심한 두통에 시달리기 시작했

고, 삶을 도전해야 할 것으로 느끼는 최초의 감정도 그런 두통에서 유래하여 나를 규정하기 시작했다"고 기억했다.[7]

하지만 어찌할 수 없는 고독감과 극심한 육체적 고통 속에서도 니체는 저작에 몰두하는 힘을 보여준다. 1881년에 출간된 『아침놀』을 쓰던 때에 대해 "힘들게 위액을 토하게 하는 사흘 동안 지속되던 편두통의 고문에 시달리는 와중에—나는 변증론자의 탁월한 명석함을 갖추고 있었으며, 사물에 대해 아주 냉정하게 숙고했다. 그보다 양호한 상태였더라면 나는 그렇게 숙고하지 못했을 것이고, 그럴 수 있을 만큼 충분히 예리하지도 냉정하지도 못했을 것이다."[8]라고 기억하고 있다. 자신은 육체적으로 고통스러웠기에 정신이 깨어있을 수 있었고, 오히려 건강이 좋았다면 그러하지 못했을 것이라는 얘기이다.

병은 살아있는 자에게만 걸린다

건강은 계속 악화되었지만 니체의 저작활동은 오히려 절정을 향해 달려갔다. 1887년 『도덕의 계보』를 완성한 니체는 1888년 들어 생의 최고의 작품 생산기를 구가한다. 『바그너의 경우』, 『디오니소스 송가』, 『우상의 황혼』, 『안티크리스트』, 『이 사람을 보라』, 『니체 대 바그너』라는 여섯 개의 작품을 한 해에 써내는 저작활동의 절정기를 보낸다. 니체가 1889년 알베르토 광장에 쓰러진 것은 마지막 작품인 『디오니소스 송가』를 완성하여 교열을 보고난 직후였다.

육체적 고통 속에서도 철학에 대한 투혼을 불살랐던 니체였지만 결국은 쓰러지고 만다. 니체는 과대망상의 마지막 단계에 도달하여 알베르토 광장에서 증세가 나타났다. 니체는 막 숙소를 나오다가 난폭한 마부 하나가 말을 심하게 다루는 것을 목격한다. 눈물을 흘리고 통곡하면서 말에게로 쫓아가서 그 목을 안고 쓰러져버렸다. 그 뒤 니체는 정신병원에 감금되다시피 입원생활을 하게 된다. 그때 병원에서 썼던 자전적 글들이 니체가 1900년에 사망하고도 한참 뒤인 1923년에야 오스카 레비에 의해 입수되어 니체 자신의 생을 돌아보는 『나의 여동생과 나』가 출판된다. 여기서 니체는 자신의 생을 이렇게 회고한다.

> 나의 일평생은 '자유'와 '숙명'이 벌이는 결투였고, '신이 되려는 나의 욕망'과 '한 마리 벌레로 남아야 할 숙명'이 벌이는 결투였다. 나의 낭만주의는 오베르만과 아미엘*의 하찮은 고민이 세기의 의혹주의 속에 생매장 해버린 '나의 고뇌'였을 뿐 아니라 스스로를 초월하려고 애쓰다가 파멸과 절망의 구렁텅이로 곤두박질하는 '내 시대의 고뇌'이다.[9]

니체에게 고통은 살아있다는 증거였다. 병은 살아있는 자에게만 걸리는 것이고, 죽은 자는 병조차 걸릴 수 없다. 중요한 것은 그 병을 자신이 얼마나 견디며 이겨내느냐 하는 것이다. 니체는 견디었다. 그는 고통스러웠지만 저작에 대한 열정을 불태웠고, 철학의 불덩어리 속에서 그렇게 쓰러졌다.

---

* 오베르만은 프랑스의 소설가 겸 철학자 세낭쿠르가 쓴 서간체 소설 『오베르만』에서 예민한 감수성을 지녔으되 좌절하여 고민하는 천재로 묘사되는 주인공이다. 아미엘은 자신의 자아와 내면세계를 분석한 걸작으로 평가되는 『내면일기』를 쓴 스위스의 작가 겸 철학자이다.

고흐, 가난 속에서 불태운 열정

니체와 견줄만한 것이 고흐의 생애였다. 고흐는 니체보다 뒤에 태어났지만 37세의 젊은 나이를 끝으로 일찍 죽었다. 그 역시 평생 고독과 투병의 고통 속에서도 굴하지 않고 작품 활동에 삶을 불태웠다.

지독한 가난에서 벗어나지 못하면서도 그림에 대한 열정이 식을 줄 몰랐던 고흐의 일생은 동생 테오에게 보낸 편지들에 생생히 담겨 있다. 고흐가 테오에게 보낸 편지는 모두 668통이나 된다. 그가 동생에게 보낸 편지마다 가난에 대한 고백, 도와달라는 부탁, 그리고 그와 가족에 대한 미안함이 반복된다. 그러면서도 그림에 대한 변함없는 의지를 다짐하곤 한다. 고흐가 본격적으로 그림을 그리겠다고 마음먹은 것은 1879년 여름이었다. 그는 테오에게 데생기법에 대한 책과 물감을 보내달라고 부탁하며 동생으로부터 경제적 지원을 받기 시작한다. 그리고 처해있는 사정은 어렵지만, 자신이 선택한 그림의 길에 대한 의지를 드러낸다.

> 나는 지금 내가 선택한 길을 계속 가야 한다. 아무 것도 하지 않는다면, 아무 것도 공부하지 않고 노력을 멈춘다면, 나는 패배하고 만다. 묵묵히 한 길을 가면 무언가 얻는다는 게 내 생각이다. (1880년 7월 편지)

밀레의 전기를 읽고는 감명을 받은 고흐는 농촌생활을 그리는 화가가 되기로 마음 먹는다. 그런데 불행한 매춘녀 시엔을 알게 되어 그녀와 함께 지내면서 가족들과의 관계는 더욱 안 좋게 금이 가버린다. 동생 테오를 빼놓고는 가까운 사람이 남아있지 않을 정도로 그는 고독한 처지가 되어버린다. "삶이 아무리 공허하고 보잘 것 없어 보이더라도, 아무리 무의미해 보이더라도, 확신과 열정을 가진 사람은 진리를 알고 있어서 쉽게 패배하지는 않을 것이다. 그는 난관에 맞서고, 일을 하고, 앞으로 나아간다. 그는 저항하면서 앞으로 나아간다." 고흐는 그렇게 다짐했다. 그렇게 열정과 의지를 불태웠던 고흐였지만 가난의 굴레 앞에서는 어려움을 토로하곤 했다. 번번이 동생에게서 경제적 지원을 받아야 했던 형으로서의 미안함을 말하곤 했다. 그러면서도 그림에 대한 열정만은 놓지 않는다.

> 상상하기 어려울지 모르지만, 내가 돈을 받을 때 간절하게 바라는 것은 무엇을 먹는 것이 아니라 그림을 그리는 것이다. 비록 그동안 밥을 못 먹고 있었지만, 아니 어쩌면 그렇기 때문에 더욱 더 그림을 원하는 것이다. 그래서 돈이 손에 들어오는 즉시 모델을 구하러 나가서는 돈이 떨어질 때까지 계속 작업한다. (1885년 12월 8일 편지)

그리고는 테오에게 "나를 먹여 살리느라 너는 늘 가난하게 지냈겠지. 네가 보내준 돈은 꼭 갚겠다. 안 되면 내 영혼을 주겠다"는 다짐까지 한다. "아마 내가 더 많이 지치고 더 많이 아파할수록, 우리가 말한 이 위대한 예술의 부흥기에 훨씬 창의적인 예술가가 될 수 있을 것"이라며 자신의 광기를 오히려 예술가적 기질로 살려가겠다는 의지를 보인다. 마치 니체가 육체적 고통이 있었기에 명석해질 수 있었다고 했듯이. 실제로 고흐는 발작이 일어난 후에는 언제나 정신이 맑고 차분하며 부지런히 일하고 싶은 마음이 생기는 시기가 찾아왔다. 고흐는 그런 시기에 그림을 그리며 커다란 위안을 얻었다.[10]

고통이 그들의 영혼을 깨운다

하지만 고흐의 발작은 환청과 환각을 동반하며 더욱 악화되어 갔다. 고갱과 언쟁을 벌이며 싸우고 헤어지던 1888년 어느 날 저녁, 고흐는 자신의 귀 일부를 자르는 자해 행위를 한다. 당시 상황에 대해서는 여러 설들이 있지만, ≪르 포롬 레퓌브리캉≫이라는 지방 일간지에는 이렇게 보도되었다. "지난 일요일 밤 11시 30분경, 빈센트 반 고흐라는 네덜란드인 화가가 1번 사창가에 나타나 라셸이라는 여급을 불러 자기 귀를 건네주며 '소중히 간직하시오'라고 이야기 한 후 사라져버렸다. 형편없는 미치광이의 소행이라고 밖에 생각할 수 없는 이런 내용의 신고를 받은 경찰은 다음 날 아침 그 사람을 찾아 나섰다. 그는 목숨이 위태로운 상태로 자기 침대에서 발견되어 즉시 병원으로 옮겨졌다."[11]

이 엽기적 사건은 고흐가 결국에는 자살로 생을 마감하게 만든 병증의 시초가 되었던 셈이다. 이후 정신병원을 드나들면서도 그는 "삶은 이런 식으로 지나가버리고 흘러간 시간은 되돌아오지 않는다. 일할 수 있는 기회도 한번 가면 되돌아오지 않는다는 것을 알기 때문에 맹렬히 작업하고 있다. 나의 경우 더 심한 발작이 일어난다면 그림 그리는 능력이 파괴되어 버릴지도 모른다"며 마지막까지 그림에 대한 사랑과 걱정을 간직했다. 그랬던 고흐였지만, 1890년 7월 27일, 스스로 가슴에 총을 쏘고 고통스러웠던 세상을 마감한다.

니체나 고흐 모두 극심한 육체적, 정신적 고통 속에서도 저작과 작품에 대한 열정을 놓지 않았던 인물들이다. 사실 철학자나 예술가의 눈에 세상이 평화롭게 보인다면 그들은 남들이 생각하고 보는 것이상의 아무 것도 내놓을 수 없을 것이다. 생명의 탄생에는 출산의 고통이 있듯이, 그들에게 고통이란 영혼이 실린 작품들을 낳는 창조의 과정이었다. 그들은 그렇게 죽었지만 오늘 책으로, 그림으로 우리 앞에 살아있다.

왜 아직도 고통을 말하는가

누군가는 물을지 모른다. 왜 아직도 고통을 말하느냐고. 과학기술과 현대 의학의 발달로 인류 역사상 가장 편한 삶을 살고 있는 이 시대에, 그리고 자본주의 경제가 누구에게나 자발적 경쟁에 뛰어들 기회를 부여한 사회에서 고통은 더 이상 인간의 보편적인 문제가 아니라며. 그러한가. 더 이상 인간은 고통스럽지 않은가. 오늘날 지구상 대부분의 사회에서 적어도 과거와 같은 수준의 물리적 폭력은 사라졌다는 점에서 그런 주장이 일정 정도 설득력을 갖는 것도 사실이다. 인간을 가축과 다르지 않게 취급하던 노예사회, 영주가 농노의 인신을 속박하며 수탈하던 봉건사회를 유지했던 제도화된 물리적 폭력은 더 이상 눈에 보이지 않는다. 유대인을 학살하던 홀로코스트, 시체더미를 산처럼 쌓아놓았던 아시아판 홀로코스트 난징 대학살은 오늘날에는 존재하지 않는다.

그래서 스티븐 핑커는 『우리 본성의 선한 천사』에서 인류의 역사는 꾸준히 폭력성이 감소한 과정이었다고 주장한다. 폭력을 줄이려고 끊임없이 노력한 결과 우리는 인류 역사상 그 어느 때보다도 덜 폭력적이고 덜 잔인하며 더 평화로운 세계에서 살아갈 수 있게 되었다는 것이다. 그래서 '현재가 인류 역사상 가장 폭력적인 시기'라는 주장은 오해이며, 현실과 맞지 않다고 그는 비판한다.[12] 그러나 선뜻 동의하기는 어렵다. 우리 눈에 보이는 것만이 세계의 본질이 아니기 때문이다. 핑커의 주장은 가시적인 물리적 폭력의 감소는 설명하고 있지만, 눈에 보이지 않는 비가시적 폭력의 창궐에는 눈 돌리지 않은 채 폭력의 감소를 단언하고 있다.

겉으로 드러나는 물리적 폭력의 감소에도 불구하고, 오늘날 신자유주의 사회 한복판에서 우리가 겪어야 하는 고통의 무게는 결코 가볍지 않다. 사회는 인간을 승자와 패자 두 가지로만 나눈다. 너도 나도 승자가 되기 위해 경쟁의 링 위로 뛰어오른다. 그러나 정글의 링 위에서 살아남을 수 있는 사람의 숫자는 애당초 정해져 있었다. 언제나 승자가 될 수 있는 사람은 소수이고, 패자가 되는 사람은 다수이다.

푸코가 『성의 역사 1권: 앎의 의지』에서 말했듯이 신자유주의적 통치는 사람들을 "살게 하거나 죽게 내버려 둔다."[13] 신자유주의적 통치는 시장화된 자기통치 기술에 적응할 수 있는 자만을 사회 안에 '살게 하고', 이 기술에 적응하지 못하거나 저항하는 자는 가차 없이 사회 바깥으로 '버린다'. 현실은 '버려지는' 자들의 숫자가 언제나 압도적으로 많음을 보여주곤 한다. 버려진 자들은 자신의 무능력을 자책하며 괴로워한다. 그리고 좌절한다. 고통은 덜해졌는가. 폭력은 사라졌는가. 보이던 것이 보이지 않는 형태로 바뀐 것은 아닌가.

대한민국 서울 송파구에 살던 세 모녀는 2014년 2월 큰 딸의 만성 질환과 어머니의 실직으로 인한 생활고에 시달리다가 전 재산인 현금 70만원을 집세와 공과금으로 놔두고 번개탄을 피워 자살했다. 세 모녀는 부양의무자 조건 때문에 국민기초생활보장제도의 도움마

저 받지 못하고 있었다. 이들 가족이 남긴 유서에는 "주인 아주머니 께… 죄송합니다. 마지막 집세와 공과금입니다. 정말 죄송합니다" 라고 써있었다. 가난 때문에 세상을 등지는 순간에도 마지막 집세와 공과금을 챙겼던 선한 사람들이었다.

하지만 세상은 선하다고 해서 조금도 봐주지 않는다. 약자의 눈에 서 흐르는 눈물의 농도는 이전 시대에 비해 결코 약해지지 않았다. 여전히 살기가 힘들다. 인간답게 살기는 더욱 힘들다. 여전히 삶은 고통스럽다. 고통을 견디어내고 이겨내는 것은 이 시대에도 변함없 이 계속되는 삶의 과제이다.

암흑의 시대에도 새싹은 텄다

하지만 역사를 돌아보면 그래도 인간은 고통 속에서도 절망하지 않고 살아왔다. 다음의 그림은 피터 브뤼겔Pieter Brueghel, 1525-1569의 〈죽음의 승리〉이다. 그림 왼쪽에는 해골이 올라타서 이끄는 수레에 해골들이 잔뜩 쌓여있다. 해골들은 모든 사람들을 향해 낫을 휘두르 고 있다. 카드놀이를 하던 사람들은 테이블 밑으로 숨었다. 성직자 들과 왕도 해골의 공격에서 예외가 아니다. 주검이 널브러져있고, 죽은 여인을 개가 뜯어먹고, 십자가 앞에서 기도를 하다가 죽음을 당하는 아비규환의 광경. 오른쪽 아래에서 사랑에 취해있는 연인들 이 아무 것도 모른 채 음악을 연주하고 있는 모습이 더욱 애처롭다. 종말을 향해 달려가고 있던 중세의 참혹한 광경은 이렇게 죽음으로 표현되었다.

피터 브뤼겔 〈죽음의 승리〉 1562

그런가 하면 외스타슈 데샹은 〈중세〉를 이렇게 노래했다.

애도와 유혹의 시대여,

눈물과 선망과 고문의 시대여,

무기력과 저주의 시대여,

우리를 종말로 데려다주는 시대여,

모든 것을 엉뚱하게 망쳐놓는 끔찍한 시대여,

오만과 질투로 가득한 거짓말하는 시대여,

영예도 없고 진정한 판단도 없는 시대여,

생명을 단축시키는 슬픔의 시대여.

    돌아보면 볼수록 인간의 역사는 긴 고통, 그리고 아주 짧은 희망이었다는 생각이 든다. 이 긴 고통의 시간을 인간들은 무엇으로 버텨왔을까. 네덜란드 역사학자 하위징아Johan Huizinga, 1872-1945의 역작 『중세의 가을』은 이 암흑과도 같았던 중세에서도 새로운 싹을 발견하는 기록이다.[14] 역사에 있어서 암흑기라고 잘못 알려진 중세는 그 나름의 소박한 삶의 양식과 더 나은 세계에 대한 환상 등을 통해 그 속에 화려한 인본주의의 싹을 가지고 있었다는 것이다. 중세는 빈자와 부자, 도시와 시골, 빛과 어둠과 같이 극명한 대조를 이루는 것들이 공존했고, 그 두 극단을 오가면서 역사를 만들어갔다. 하위징아는 묻는다. "과연 이 시대는 잔인함, 뻔뻔스러운 오만, 무절제 이외에는 그 어떤 것도 즐기지 못했단 말인가?"

    확실히 중세 시대는 행복보다는 고통의 흔적을 더 많이 남겨놓았지만, 개인이 향유했던 행복, 즐거움, 휴식의 총합은 다른 시대에 비하여 별반 다르지 않았을 것이라고 하위징아는 말한다. 중세가 남긴 민요, 음악, 풍경화의 고요한 지평선, 초상화 속의 진지한 얼굴들을 보면 사람들이 누렸던 찬란한 행복은 완전히 사라지지 않고 살아남았다. 경직되고 죽어버린 시대에서도 미래를 만드는 새로운 싹은 움터 나와 꽃피기 시작했다. 이렇듯 인간의 역사에서 모든 것이 끝나버리는 절망은 없다. 인간은 온갖 고통 속에서도 생각보다 끈질긴 저력을 보여왔다.

164

시지프적 고통의 깨어남

그 끝없는 고통을 견뎌내는 시지프의 신화가 있다. 카뮈는 『시지프의 신화』에서 고통의 전모를 의식하는 '시지프적 깨어남'을 설명하고 있다. 신들은 자신들을 멸시한 시지프에게 산꼭대기까지 바위를 끊임없이 굴려 올려야 하는 형벌을 내렸다. 그 기나긴 노력 끝에 시지프의 목표는 달성되지만, 바로 그 순간 시지프는 바위가 저 아래 세상으로 굴러 떨어지는 것은 바라본다. 바위는 무게 때문에 산꼭대기에서 다시 밑으로 굴러 내려가곤 한다. 시지프는 다시 산꼭대기를 향해 바위를 끌어올리기 위해 또 다시 들판으로 내려간다. 시지프는 이 반복되는 형벌의 과정에서 어떤 의미나 희망을 찾을 수 없을 것이다. 무의미한 일을 영원히 반복해야 하는 것이 그의 운명이다.

하지만 카뮈는 시지프가 되돌아 내려가려는 그 잠깐의 순간에 주목한다. 가쁜 숨을 고르는 그 시간은 의식의 시간이기 때문이다. 형벌을 받기 위해 다시 내려가야 한다는 생각을 하는 의식의 순간이야말로 시지프가 운명보다 더 우월한 순간이다. 그때 비로소 시지프는 바위보다 강하다. 다시 산을 내려오는 시지프는 끝없이 바위를 굴려 올려야 하는 자신의 비참한 조건의 전모를 알고 있다. 물론 그에게는 고뇌를 안겨다주는 통찰이겠지만, 시지프는 자신의 고통을 직시함으로써 시련은 자신의 것이 된다. 그리하여 시지프는 고통에 대한 승리를 완성할 수 있다. 그래서 카뮈는 "무수한 산꼭대기를 향한 투쟁, 그것만으로도 인간의 마음을 채우기에 충분하다"며 '행복한 시지프'를 상상한다. [15]

우리는 삶 속에서의 고통을 피할 수가 없다. 하지만 고통의 의미를 발견할 수 있을 때 비로소 우리는 그 고통을 견뎌낸다. 아버지가 새벽부터 공사현장에 나가고 어머니가 청소 일을 나가며 고되게 생활하더라도, 그것을 감내하는 것은 자식들을 제대로 키운다는 의미를 생각하고 있기 때문이다. 과거 독재정권 시절 민주화운동을 하다가 물고문, 전기고문까지 당하는 고통을 견뎌내는 사람이 있었던 것은, 자신이 무너지지 않는 것이 어떤 의미인가를 알고 있기 때문이다. 정작 힘든 것은 고통 자체보다도, 내가 겪는 고통의 의미를 발견할 수 없는 시간이 계속되는 일이다.

함께 나누며 살아가는 고통의 윤리

하지만 혼자 버려져 있는 사람이 고통으로부터 어떤 의미를 발견하는 것은 쉬운 일이 아니다. 그 사람은 고통 자체로 이미 힘들며 그 의미를 찾을 여력을 갖지 못하기 쉽다. 그렇다면 고통에 갇혀 고립되어 있는 그에게 힘을 불어넣어줄 사람은 주위에 있는 사람들이다. 사랑의 시선을 갖고 그를 바라보는 사람이라면, 그가 고통스럽더라도 견뎌내야 하는 이유가 무엇인지를 함께 생각하며 말해줄 수 있을 것이다. 삶은 종종 고통스럽지만, 그래도 살만한 이유가 있음을 같이 찾을 수 있지 않겠는가.

삶의 바위를 끝없이 굴려 올려야 하는 고통이 혼자만의 일은 아니다. 우리는 산꼭대기를 향해 저마다의 바위를 굴려 올리고 있다. 모든 인간에게서 고통이 피할 수 없는 것이라면 나만의 문제는 아닐 것이다.

그래서 쇼펜하우어는 동고同苦, Mitleid의 사상을 통해 고통의 윤리학을 제시하고 있다.* 선한 사람은 남의 고통을 보면서 자신의 고통처럼 아주 가깝게 느낀다. 그 때문에 그는 자신의 고통과 남의 고통 사이에 균형을 기하려 하며, 남의 고통을 완화시키기 위해 자신의 향유를 단념하고 궁핍을 감수한다. 그 대신 양심에 거리낌이 없는 이타적인 행위를 한 뒤에 충족을 느낀다. 이때 우리의 참된 자아가 자신의 인격뿐 아니라 살아있는 모든 것 속에 현존하고 있다는 인식을 확인하게 된다. 이렇게 살아있는 모든 것이 바로 우리 자신의 본질이라는 인식은, 살아 있는 모든 것에 대한 우리의 관심을 넓혀준다. 그만큼 우리의 마음은 넓어진다.

이기주의자는 자신이 다른 사람의 적대적인 현상에 에워싸여 있다고 느끼고, 모든 희망은 자신의 안녕을 토대로 한다. 반면 선한 사람은 자신과 친근한 현상들의 세계에 살고 있다. 세계에 존재하는 모든 현상들의 안녕은 그 자신의 안녕이다. 자기 이외의 현상으로 관심을 넓히면 나에게만 집중할 때처럼 마음이 불안해지지 않고, 살아 있는 모든 것 속에서 자기 자신의 본질을 인식하게 된다. 그래서 기분은 평정을 얻게 되고 심지어 명랑하게 된다.[16]

너무 어렵게 생각할 일이 아니다. 흔히 "고통은 나누면 절반이 된다"고 하지 않던가. 고통은 누구에게도 말하기 어렵다는 생각, 남의 고통을 내가 어떻게 할 수 있겠느냐는 생각에서 벗어나 '동고'의 노력을 기울인다면 우리는 한결 나은 삶을 살 수 있다. 내가 어려울 때

---

* '동고'라는 용어는 독일어로 '함께, 같이'라는 의미를 가진 Mit와 '고통, 고뇌'의 의미를 가진 Leid의 합성어로, 타인의 고통을 함께 한다는 것을 의미한다.

다른 이들에게 혼자서는 힘드니까 내 손을 잡아 달라 부탁하고, 내 옆에 있는 사람이 어려울 때는 내가 그의 손을 잡아줄 수 있을 때, 비로소 우리는 세상을 함께 살아가는 이유를 발견할 수 있다. 이 세상을 함께 사는 우리는 서로에게 위로를 주고 힘을 주는 존재일 수 있어야 하지 않을까.

왜 인간들은 고통으로부터의 구원을 바로 옆에 있는 인간이 아닌 초월적 존재로부터 찾으려 하는 것일까. 신과 같은 초월적 존재들이 그만큼 절대적이어서 그런 것인가, 아니면 우리 인간들이 서로에게 믿을만한 존재가 되지 못해서 그런 것일까. 과연 나는, 손길이 필요한 그 누구에게 손 내밀어주는 사람이 될 수 있을까.

7장
부끄러움을 아는 인간

"우리는 모두 성자이고 죄인이며, 성인이고 유아이기도 하지만,
아무도 타자보다 우월한 자이거나 심판자일 수 없다"

− 에리히 프롬 『환상의 사슬을 넘어서』

7장 부끄러움을 아는 인간

　　성경의 창세기에 따르면 하느님은 에덴동산에 사는 인간
들에게 이렇게 명했다고 한다. "이 동산에 있는 나무 열매는 무엇이
든지 마음대로 따먹어라. 그러나 선과 악을 알게 하는 나무 열매만
은 따먹지 마라, 그것을 따먹는 날, 너는 반드시 죽는다." 그러나 아
담과 여자는 선악과를 따먹는 죄를 저지른다. 그런데 선악과를 먹은
인간은 선과 악을 구분할 줄 알게 되었고, 벗고 있다는 사실에 대한
부끄러움도 비로소 알게 되었다. 그래서 무화과 잎을 엮어 부끄러운
알몸을 가리게 된다.

　인간은 하느님의 말씀을 어기는 죄를 지었지만, 그럼으로써 선과
악을 구분하고 부끄러워할 줄 아는 지혜를 갖게 되는 역설이 생겨난
다. 그 이후로 인간은 부끄러움을 아는 존재가 되었다. 벌거벗은 자
신의 몸을 부끄러워하는 동물은 인간 뿐이다.

제우스는 인간에게 부끄러움을 줬다

　인간에게 부끄러움은 무엇일까. 플라톤의 대화편『프로타고라스』

에는 제우스가 인간에게 정의와 부끄러움을 준 얘기가 나온다. 신들은 세상의 모든 종족들에게 각각 필요한 능력을 배분하고 갖춰주도록 프로메테우스와 에피메테우스에게 명한다. 먼저 에피메테우스가 동물들에게 능력을 배분했는데, 자신이 배분할 수 있는 능력을 다 써버려 인간만이 아무 것도 갖추지 못한 채 남게 되어 버렸다. 프로메테우스가 검사하러 와보니, 다른 동물들은 모든 것을 잘 갖추고 있는데 인간은 벌거벗고 신발도, 침구도, 무기도 없는 것이었다. 프로메테우스는 인간을 살릴 방도를 찾기 위해 기술에 관한 지식과 불을 훔쳐내어 인간에게 준다. 이 때문에 프로메테우스는 절도죄로 처벌받는데, 제우스는 그를 높은 산꼭대기에 사슬로 결박하게 한 뒤 독수리를 보내 그의 간을 쪼아 먹게 했다.

그런데 인간에게는 국가를 경영하는 기술이 아직 없어 서로 불의한 짓을 하고, 도로 흩어지고 다시 도륙되기 시작했다. 그래서 제우스는 헤르메스를 인간에게 보내 부끄러움과 정의를 가져다주게 한다. 이때 헤르메스가 어떤 방식으로 부끄러움과 정의를 나눠주어야 하는지, 다른 기술처럼 특정한 인간에게 줘야 하는지 아니면 모든 인간에게 나눠줘야 하는지 묻자, 제우스는 이렇게 말했다.

> 인간이 나눠 갖게 하라. 다른 기술들처럼 정의와 부끄러움*이 소수의 것
> 이 되면 국가가 생길 수 없을 테니까. 그리고 부끄러움과 정의를 나눠가
> 질 수 없는 자는 공동체의 역병으로 간주하여 죽여 없애야 한다고 내 이

---

* 천병희 선생의 번역에는 '염치'로 되어있는데, 여기서는 전체적인 의미를 고려하여 '부끄러움'으로 바꾸어 옮겼다.

름으로 법으로 정하라.[1]

제우스는 인간이 국가를 만들어 함께 사는데 정의와 부끄러움이라는 두 가지 덕목이 그만큼 필수적이었다고 생각한 것이다. 여기서 정의란 공동체에서 옳고 그름을 가리는 기준이 될 것이고, 부끄러움은 정의를 지키기 위한 인간의 내면적 도덕과도 같은 것이리라. 플라톤은 제우스의 얘기를 통해 인간이 공동체를 일구어 나가기 위해서는 부끄러움의 능력을 가져야 한다고 말한 것이다. 인간 사회에서 공동체를 유지시키는 부끄러움의 역할이다.

스피노자는 부끄러워할 줄 아는 사람보다, 부끄러워할 줄 모르는 사람이 문제라고 보았다. 그에게 "부끄러움이라는 정서는 부끄럽게 생각하는 행위에 뒤따르는 슬픔"이다. 그래서 부끄러움은 인간에게 덕은 아니다. 하지만 그래도 부끄러움은 뻔뻔한 것에 비하면 좋은 것이라고 스피노자는 말한다. "자신이 한 일에 대해 부끄러움을 느끼는 사람이 실제로는 슬픔에 사로잡혀 있다고 해도 그는 명예롭게 살아가려는 욕망을 전혀 갖고 있지 않은 뻔뻔한 사람에 비하면 더 완전한 것이다."[2] 비록 부끄러움을 고백하게 되더라도 부끄러운 행위를 하면서도 부끄러워할 줄 모르는 사람들보다 훨씬 나은 것이다. 부끄러워할 줄 안다는 것은 자기의 양심이 작동하고 있다는 얘기가 되기 때문이다.

1980년대 군사독재정권 시절 '고문 기술자'로 악명을 떨쳤던 이근안 경감이 있었다. 그는 고 김근태 전 의원 등 민주화운동 인사들을 고문한 혐의로 수배된지 11년 가까이 되어서야 자수를 했고 처벌을 받았다. 그러나 출옥 후에도 언론 인터뷰나 자서전을 통해 "나는 고문 기술자가 아니라 심문 기술자다", "심문도 하나의 예술이다", "그 당시 간첩과 사상범을 잡는 것은 애국이었다"는 식으로 자신의 죄를 뉘우치지 않는 뻔뻔함을 보였다. 인간 백정 노릇을 한 자신의 행동을 마지막까지도 부끄러워할 줄 모르는 모습을 보노라면 양심이 마비된 인간에 대한 절망이 든다. 어쩌면 죄보다 더 무서운 것이, 그 죄를 뉘우칠 줄 모르는 양심의 부재일 것이다.

부끄러움, 나와 세상을 연결하는 다리

그런데 부끄러움은 '나'만의 것이 아니다. 부끄러움은 나만의 밀실에서 혼자 부끄러워하고 마는 일이 아니다. 나는 부끄러워함으로써 타자들과 연결되고 다시 새로운 모습으로 변화해서 세상으로 나간다. 사르트르의『존재와 무』에는 잘 알려진 열쇠구멍 얘기가 나온다. 사르트르는 열쇠구멍을 몰래 들여다보는 '나'의 얘기를 통해, 타인의 시선과 자아 형성 사이에 있는 부끄러움의 역할을 말하고 있다.

"나는 질투심에 불타서 혹은 호기심에 문에 귀를 바짝 붙이고 열쇠구멍으로 안을 들여다 보고 있다. 그런데 갑자기 복도에서 발소리가 들려왔다. 누군가가 나를 보고 있다. 나는 갑자기 나의 존재에 습격을 받는다. 나는 갑자기 내 행동의 야비함을 온전히 실감하며 부끄러움을 느낀다."[3] 여기서 부끄러움의 대상은 바로 '나'이다. 열쇠구멍을 몰래 들여다보던 나의 행동이 타자에게 들킴으로써 비로소 부끄러움이 생겨나는 것이다. 그렇다면 부끄러움에 관한 나의 자아는 원래 내 의식 안에 들어있던 것이 아니라, 타자의 시선을 내가 의

174

식하면서 비로소 발생한 것이다. 원래부터 내 의식 속에 자아가 있었다면 열쇠구멍을 몰래 들여다보는 일 따위는 하지 않았을 것이다.

나는 이렇게 타자의 시선에 의해 나를 부끄러워하게 됨으로써 자아가 만들어지는 계기를 찾게 된다. 나의 부끄러움은 '타자 앞에서 자기에 대한 수치'이다. 그래서 부끄러움은 나를 자신의 세계에만 갇혀있는 존재로 놓아두지 않고, 타자와의 관계 속에서 반성 작용을 통해 자아를 만들어가는 긍정적 역할을 하는 것이다. 그것은 나에게는 타자와의 관계를 맺어가는 과정이기도 하다. 따라서 부끄러움은 단순히 창피한 감정에 사로잡혀 어쩔 줄 몰라 하는 것 이상의 의미를 갖고 있다. 부끄러움은 나와 타인, 나와 세상을 연결시켜주는 다리 같은 것이기도 하다. 그래서 부끄러워할 줄 아는 사람은 이미 혼자가 아니다.

스스로 견딜 수 없는 부끄러움들

타자의 시선을 의식함으로써 부끄러움이 생겨난다는 말이 꼭 내가 명백히 죄나 잘못을 저질렀을 때에만 해당되는 것은 아니다. 물론 뇌물을 받거나 성추행 같은 짓을 했다가 들통이 났을 때, 그 사람은 세상이 나를 어떻게 볼까 하는 생각에 큰 부끄러움을 느끼게 될 것이다. 비리 혐의로 수사를 받다가 자살을 한 사람들이 많이 있었다. 사회적으로 대접받고 살던 사람이 하루 아침에 파렴치한 범죄자로 언론에 보도되는데 따른 수치심을 견디지 못하고 생을 마감하는 것이다.

하지만 타자의 시선을 의식하는 부끄러움은 내가 특별히 잘못한 것이 없을 때도 무겁게 다가온다. 1980년 신군부세력이 군사반란으로 권력을 탈취하고 광주에서 그에 반대하는 시민과 학생들을 무참하게 죽였던 일이 있었다. 광주에서 계엄군에 의해 둘러싸인 채 그렇게 죽어간 많은 사람들이 있었던 사실을 뒤늦게 알았던 우리는 부끄러움에 고개를 들지 못했다. 시인 김준태는 그 심정을 노래했다. "아아, 살아남은 사람들은/ 모두가 죄인처럼 고개를 숙이고 있구나/ 살아남은 사람들은 모두가/ 넋을 잃고, 밥그릇조차 대하기/ 어렵구나 무섭구나/ 무서워서 어쩌지도 못하는구나."(「아아 광주여! 우리나라의 십자가여!」)[4]

이런 부끄러움은 내가 시민들을 학살하는데 가담했거나 정치군인들을 돕는 행위를 했기 때문에 생겨나는 것은 아니다. 나는 그런 일이 자행된 것에 아무런 관련된 것이 없지만, 같은 시대를 사는 이웃들이 무고하게 죽어간 것을 모르고 있었거나, 알았으면서도 그냥 지켜볼 수밖에 없었던데 대한 부끄러움이다. 집에 침입한 강도가 가족을 살해하는 광경을 눈앞에서 보면서도, 나 또한 칼로 위협당하고 있기에 가족의 죽음을 막아주지 못했을 때의 괴로움 같은 것일 수 있다. 그런 괴로움은 두고두고 우리를 좀처럼 놓아주지 않는다.

세월호 참사가 있은 뒤에 우리가 그토록 자책하며 부끄러움을 고백했던 것도 같은 이유이다. 나는 세월호와 아무런 관련이 없다. 아이들을 버리고 탈출한 승무원들도 나와는 상관없는 사람이고, 이윤에 눈멀어 그런 배를 출항시킨 해운회사도 모른다. 아이들을 한 명도 구조해내지 못한 정부도 나와는 관련이 없다. 하지만 나는 죄인이 된 것 같았다. 내가 아이들을 죽인 것 같았다. 무엇일까. 아이들의 죽음에 내가 직접 관여된 것은 없지만, 그런 죽음을 만들어낸 이 사회를 그대로 방치해둔 공범자일지 모른다는 죄책감이 우리를 사로잡았던 것이다. 내가 아이들을 그렇게 죽도록 한 것은 아니었지만, 아이들이 그렇게 죽어가도록 내버려두는 사회에 대한 책임은 내가 피할 수 없는 것이었다. 세월호의 죽음을 교통사고 난 것 정도로 넘겨버리며 죽음을 조롱하는 사람들이 여전히 이 사회에서 행세하고 있지 않은가. 그것은 피할 수 없는 우리의 죄라고, 나의 양심은 말하고 있었다. 누가 손가락질하며 뭐라 해서가 아니라, 내 스스로 견디지 못하는 부끄러움이다.

아우슈비츠 이후에 시를 쓸 수 있는가

그 양심은 절망을 껴안고 뒹군다. 2차 대전이 끝난 뒤 독일 철학자 아도르노Theodor Adorno, 1903-1969는 아우슈비츠 유대인 수용소를 가보고는 학살의 참상 앞에 절망했다. 그래서 아도르노는 "아우슈비츠 이후에 시를 쓰는 것은 야만"이라고 했다. 시를 쓴다는 것은 무엇이고, 시를 쓰는 것이 야만인 이유는 또 무엇인가. 시는 인간의 마음을 담는 것이다. 거기에는 인간의 살아있는 서정이 녹아 들어가 있다. 그런데 아우슈비츠는 인간들을 흔적조차 없이 무너뜨려 버렸다.

인간들은 가스실 안에서만 무너진 것이 아니었다. 아우슈비츠에서 고통을 겪다가 생존해 돌아온 작가 프리모 레비Primo Levi, 1919-1987는 유대인 포로들을 싣고 집결수용소로 이송하던 열차 안에서 있었던 일을 증언한다. 어디로 가는지도 모르고 열차에 올랐던 포로들에게는 공중화장실 역할을 할 용기조차 없었다. 사람들 앞에서 용변을 본다는 것은 문명사회에 있던 그들이 미처 대비하지 못했던 트라우마였고 인간의 존엄성에 가해진 깊은 상처였으며 불길한 징조로 가득한 추한 공격이었다. 이송 이틀째 판자벽에 박힌 못들을 발견한 그들은 못을 빼내 한쪽 구석에 다시 박고 줄을 쳐서 담요를 걸고 임시변통으로 몸을 가릴 곳을 만들었다. 이것은 본질적으로 상징적인 의미를 담고 있었다. 자신들은 아직 짐승이 아니라는, 자신이 저항하려고 노력하는 한 자신들은 짐승이 되지 않을 것이라는.

유대인 포로들이 탄 화물열차는 탁 트인 들판에서 두세번 정차했고, 열차 칸의 문들이 열리고 포로들에게 내리는 것이 허락되었다. SS 호위대는 기차에서 내린 포로들이 아무데나 쭈그려 앉아 용변을 보는 것을 보면서 즐기는 표정을 감추지 않았다. 지나가던 독일 사람들은 공공연하게 혐오감을 드러냈다. 이런 놈들은 비극적 운명을 맞아도 싸다, 하는 행동을 보면 알잖아. 저들은 인간이 아니다, 짐승이다, 돼지들이다. 그들은 아우슈비츠에 도착하기 이전부터 그렇게 무너져 내렸고 점차 익숙해졌다. 그것은 "인간에서 동물로의 변화가 순조롭게 진행되고 있음을 말해주는 자비로운 방식이었다"고 레비는 기록했다.[5]

아도르노 또한 아우슈비츠에서 목격한 것은 인간에 대한 처참한 절망이었다. 더 이상 시를 쓸 수 없다는 것은 부끄러움의 표현이다. 같은 인간으로서 그 같은 학살을 현실로 받아들이고 살아가고 있는 데 대한 자괴감으로 더 이상 시를 쓸 수 없는 것이다.

하지만 아우슈비츠 이후에도 시인들은 시를 썼다. 부끄러움과 죄책감이 엄습할수록 오히려 시를 썼다. 야만적이라는 소리를 들을지

언정, 학살을 증언하고 부끄러움을 표현하는 시라도 써야 죄책감을 조금이라도 덜 수 있었기 때문이다. 아니, 어쩌면 이제와서 할 수 있는 것이라곤 그것 밖에 없었기 때문인지 모른다. 시인 최명란은 아우슈비츠를 다녀오고서도 일상을 챙기고 있는 자신의 모습을 이렇게 고통스럽게 고백했다. "아우슈비츠를 다녀온 이후에도 나는 밥을 먹었다/ 깡마른 육체의 무더기를 떠올리면서도/ 횟집을 서성이며 생선의 살을 파먹었고/ 서로를 갉아먹는 쇠와 쇠 사이의/ 녹 같은 연애를 했다."(「아우슈비츠 이후」)[6]

그것은 아우슈비츠에 다녀오고서도 태연히 일상을 살고 있는 자기 모습의 부조리함에 대한 고백이었다. 도대체 인간이란 어떤 존재일까. 모두가 고통스럽게 죽어간 상황에서도 나의 기적 같은 생존을 다행스럽게 여길 정도로 이기적 속성을 갖고 있는 것이 인간이 아니던가. 하지만 인간은 그러면서도 자신의 이기적 태도에 대해 부끄러움을 느끼며 반성하는 능력을 가진 존재이기도 하다. 서로 다른 이 두 가지가 우리의 내면에 공존하기에 인간은 번뇌하며 그 삶이 고통스러운지 모르겠다.

살아남은 자의 부끄러움

이렇듯 부끄러움에는 고통이 따른다. 아우슈비츠에서 자행된 유대인 대학살이 부끄러움의 소재로 수없이 인용되는 이유는 무엇일까. 홀로코스트의 과정은 처음부터 끝까지 인간에 대한 잔인한 파괴를 의미했고, 그 결과 인간은 무너져버렸기 때문이다. 행선지조차 모르는 수많은 인간들은 열차에 가득 실려 짐승과도 같은 취급을 받으며 어디론가 갔고, 결국은 수용소의 가스실에서 숨져갔다. 그 때 유대인들이 죽어가던 가스실에는 오페라 〈탄호이저〉에 나오는 바그너의 〈순례자의 합창〉이 나왔다. 그 웅장하고 장엄한 곡은 마치 유대인들을 고통스럽게 죽이는 것이 경건한 과업이라 믿고 있음을 알리려는 듯이 흘러나왔다. 그리고 그들의 시신은 웅덩이 속에 아무렇게나 쌓여졌다. 노예 사회에서 노예들이 가축 취급을 당하며 생존했던 것은 익히 아는 사실이지만, 인간의 이성을 말하는 근대 사회가 출현한 이후 이 같은 장면이 등장한 것은 절망스러운 충격이었다.

실존주의 철학자 야스퍼스Karl Jaspers, 1883-1969는 『죄의 문제』에서 "야만적인 폭력 앞에서 나는 평범한 시민으로서 무엇을 잘못했고, 지금 개인으로서 그리고 동료와 연대하여 무엇을 해야만 새롭게 출발할 수 있는가?"라고 스스로 묻는다. 야스퍼스는 나치 독일의 문제에 대해 인간들의 법률적 범죄, 정치적 죄, 도덕적 죄, 형이상학적 죄라는 네 가지 죄의 개념을 논하는데, 그에게 고유한 것은 '형이상학적 죄'이다. "형이상학적 죄는 인간 연대의 절대적 결핍에서 나온다… 내가 있는 곳에서 불법과 범죄가 자행되고 다른 사람들이 죽어나가는데 나는 살아남았다면, 살아있는 것이 나의 죄다." 나치 패망 직후인 1945년 8월, 야스퍼스는 강연에서 이렇게 고백한다.

독일 안에서만 수천 명이 나치 체제에 맞서 투쟁하며 죽음을 선택했다. 그 대부분은 이름도 없이 죽었다. 우리는 죽음을 선택하지 않아서 살아남은 자들이다. 우리의 친구인 유대인들이 끌려가고 있을 때, 우리는 거리로 뛰

쳐나가지 않았다. 그러나 우리 자신이 파멸하게 되자 비로소 비명을 질렀다. 우리의 죽음으로도 타인을 구할 수 없다는 나약한 구실을 대며 생존의 길을 선택했다. 우리가 지금 살아있다는 것이 우리의 죄다. 신 앞에서 우리는 무엇이 우리를 이토록 참담하게 만드는 지를 알게 된다. 지난 12년간 우리에게 일어난 일들은 마치 인간 본성의 변질과도 같다.[7]

살아있다는 것이 죄로 느껴지는 것만큼 고통스러운 일은 없다. 하지만 독일 국민 전부가 죄의식을 가져던 것은 아니다. 많은 사람들은 분노하고 다가올 불행을 예감했지만, 그보다 더 많은 사람들은 자신의 일, 사교, 재미에만 열중했다. 마치 아무 일도 일어나지 않았다는 듯이. 바로 그것이 도덕적 죄라고 야스퍼스는 고발한다.

프리모 레비 또한 살아남은 자의 죄의식을 아프게 고백하고 있다.

라거(강제수용소)의 '구조된 자들'은 최고의 사람들, 선한 운명을 타고난 사람들, 메시지의 전달자들이 아니었다. 내가 본 것, 내가 겪은 것은 그와는 정반대임을 증명해 주었다. 오히려 최악의 사람들, 이기주의자들, 폭력자들, 무감각한 자들, '회색지대'의 협력자들, 스파이들이 살아남았다. 확실한 원칙은 아니었지만 그래도 원칙이었다. 나는 물론 내가 무죄라고 생각하고 있었지만, 구조된 사람들 무리에 어쩌다 섞여 들어간 것처럼 느꼈다. 그래서 내 눈앞에서, 남들의 눈앞에서 끝없이 스스로를 정당화하려고 애쓰고 있다고 느꼈다. 최악의 사람들, 즉 적자適者들이 생존했다. 최고의 사람들은 모두 죽었다.[8]

살아야 할 사람들이 죽은 것이고, 죽어도 될 사람들이 살아남은 것이다. 그래서 레비는 묻는다. 나보다 더 관대하고, 더 섬세하고, 더 현명하고, 더 쓸모 있고, 더 자격 있는 사람 대신에 내가 살아남은 것은 아닌가? 그런 생각을 떨쳐버릴 수가 없다. 그래서 자신을 찬찬히 검토하고, 자신의 기억들을 모두 되살리려 애쓰며 스스로를 점검해본다. 그런데 아니다. 내가 명백한 범법행위를 한 것은 발견하지 못하겠다. 나는 누구의 자리를 빼앗은 적도 없고, 누구를 구타한 적도 없으며, 어떤 임무를 받아들인 적도 없고, 그 누구의 빵도 훔친 적이 없다. 그럼에도 그런 생각을 떨칠 수가 없다. 각자가 자기 형제의 카인*이라는 것, 우리 모두가 자기 옆 사람의 자리를 빼앗고 그 사람 대신에 산다는 것은 하나의 상상, 아니 의심의 그림자에 불과하다.

　레비가 자신의 범법행위를 발견하지 못하면서도 그토록 고통스러운 것은, 진짜 증인이 되어야 할 사람들은 자신과 같은 생존자가 되지 못했기 때문이다. 생존자들은 대단히 소수일 뿐더러, 권력 남용이나 수완, 행운 덕분에 바닥까지 가지는 않았던 사람들이다. 바닥까지 갔던 사람들, 고르곤**을 본 사람들은 증언하러 돌아오지 못했거나, 아니면 벙어리가 되어 돌아왔다. 그러나 그들이 바로 '무젤만***

* 아담의 아들 카인은 사람이 낳은 최초의 사람이었다. 카인은 동생 아벨을 죽임으로써 최초의 살인을 저질렀다

** 그리스 신화에 등장하는 끔찍한 모습의 세 자매 괴물. 그 중 메두사는 고르곤을 대표하는 존재로 인식되었는데, 그 얼굴을 본 사람은 돌이 되었다고 한다.

*** '무젤만'이란 죽음을 이해하기에도 너무 지쳐서 죽음을 두려워하지 않는, 그리고 곧 가스실로 향하게 될 수감자들을 부르는 수용소의 은어이다.

들, 가라앉은 자들, 완전한 증인들이다. 돌아오지 못한 그들이 원칙이었고, 살아남은 우리는 예외라며, 레비는 스스로가 가짜 증인임을 고백한다. 그것이 살아남은 자의 부끄러움이다.

하지만 살아남은 자의 부끄러움에도 불구하고 레비는 증언을 했다. 그는 본래 유대계 이탈리아인으로서 아우슈비츠에서 살아남은 생존자였다. 강제수용소에서 풀려난 뒤 얼마 되지 않은 1947년에 수용소에서의 체험을 증언한 『이것이 인간인가』를 출간했다. 그리고는 오랜 시간이 흐른 뒤 1986년에 또 한번의 증언록인 『가라앉은 자와 구조된 자』를 펴내고는 바로 다음 해에 자살로 생을 마감한다. 살아남은 자가 할 수 있었던 증언조차도 그를 깊은 절망에서 구해내지는 못했다.

살아남은 '나'의 괴로움은 브레히트Bertolt Brecht, 1898-1956의 시 「살아남은 자의 슬픔」을 통해서도 많이 전해졌다. 이 시의 원래 독일어 제목은 '나, 살아남은 자'Ich, der Ueberlebende로, 살아남은 자신을 향한 괴로운 자의식이 더 강렬하게 표현되어 있다.

> 물론 나는 알고 있다. 오직 운이 좋았던 덕택에
> 나는 그 많은 친구들보다 오래 살아남았다. 그러나 지난 밤 꿈속에서
> 이 친구들이 나에 대하여 이야기하는 소리가 들려왔다.
> "강한 자는 살아남는다."
> 그러자 나는 자신이 미워졌다.[9]

친구들이 브레히트에게 실제로 그렇게 말한 것은 아니다. 어디까지나 꿈 속에서 들려온 말이다. 이미 브레히트의 의식 속에는 살아

남은 자의 슬픔이 자리하고 있다. 꿈속의 친구들이 말했다는 '강한 자'는 자신을 향한 야유이다. 강한 자가 살아남았다는 말은, 다른 동료들의 희생 위에서 자기가 살아남았을지 모른다는 죄의식의 표현이다. 자기는 어떻게든 생존에 강한 수완을 발휘했고, 대신 그렇지 못한 동료들은 죽어야 했다는 자책이다. 마치 레비가 아우슈비츠에 대한 진짜 증인이 되어야 할 무젤만 대신에 자신이 증언하는 것을 자책하는 것과 마찬가지이다.

물론 브레히트의 삶을 보면 그런 자책을 할 특별한 이유는 없다. 좌파 작가로 활동했던 그는 나치 정권의 비인간적 만행을 비판하는 활동을 하다가, 나치가 날조해낸 독일 국회의사당 방화사건 때문에 미국으로 망명했다. 망명 기간 중에도 그는 나치 정권의 공포와 참상을 고발하는 작품들을 썼다. 하지만 작가의 양심은 동료들의 죽음 앞에서 그런 활동으로 속죄 받는 것을 허락하지 않는다. 학살의 현장에서 떠나있었고, 그래서 죽음을 함께 할 수 없었던 자의 어쩔 수 없는 부채의식이다. 그 죄의식은 자신에 대한 미움으로 돌아온다.

자기심판, 부끄러움에 대한 책임

카뮈의 『전락』에는 강에 뛰어내려 자살하는 여자를 구하지 않고 지나친 뒤, 죽어가는 사람을 구하지 않았다는 심판을 받게 될까 두려워하는 변호사 클라망스의 고백이 나온다. 그는 다른 사람들로부터의 심판이 있기 전에 스스로 참회하며 자신을 심판한다. 클라망스는 약한 사람들을 위해 일하는 정의감도 있고, 친절하며 세련된 변호사였다. 그는 그런 자신의 모습 속에서 떳떳한 편에 있었기에 가능한 '양심의 평화'를 얻고 살아왔다.

하지만 클라망스는 그런 자신의 모습이 '범속한 야망보다 더 높은 곳'에 도달하려는 욕망의 결과였음을 고백하며 참회한다. 그는 "나의 마음속에서나 다른 사람들 사이에서 높은 곳으로 올라가 환하게 불을 켜놓았다. 그러면 즐거운 찬양이 나를 향해 떠오르곤 했다"고 말한다. "그렇게 해서 적어도 나는 내 인생과 나 자신의 우월성에 기쁨을 느끼고 있었던 것"이라고 클라망스는 털어놓는다. 약자들을 위해 일하는 유명 변호사의 선행조차도 우월감이라는 욕망의 표현임을 읽는다.

클라망스의 참회에는 '비폭력'을 주장하다가 약한 사람들에 대한 억압을 막아내지 못한 카뮈 자신의 시대적 참회가 반영되어 있다. 그러나 클라망스와 카뮈가 참회하는 이유는 자기 참회에 그치는 것이 아니다. 자기를 먼저 심판함으로써 다른 사람들을 심판하기 위한 것이다. 클라망스에게는 자살한 여자를 강에 뛰어들게 만든 그 시대의 다른 사람들, 카뮈에게는 공산주의 이데올로기에 갇혀 폭력을 정당화했던 프랑스 공산당의 좌파 지식인들이 자기에 이어 심판받아야 할 자들이었다. 그러니 남을 심판하기 위해서는 먼저 나를 심판해야 한다, 클라망스는 이렇게 말한다.

자기 자신을 심판함 없이 남을 심판하기란 불가능한 일인즉, 남을 심판할 권리를 얻기 위해서 우선 자신을 통렬히 비판할 수밖에 없었습니다. 심판자는 모두 마침내는 죄인이 되고 마니까, 길을 반대로 잡아서 죄인의 직책을 다하여 나중엔 심판자가 될 수 있도록 해야 했어요.[10]

클라망스의 자기심판을 자기만의 책임을 모면하기 위한 술책으로 받아들일 일은 아니다. 우리 시대의 부끄러움에 대한 책임을 함께 갖고 있는 모두가, 냉정한 태도로 참회하고 심판하는 모습을 카뮈는 말하고 있다. 그러기 위해서는 먼저 나부터 참회할 것을.

소시민적 삶의 자괴감

이렇듯 지나고 나면 부끄러워하는 것이 우리의 양심이다. 하지만 정작 눈앞의 현실에서 벌어지고 있는 부조리에 대해서는 여전히 무력하다는 것이 우리의 어려움이다. 그래서 인간은 과거를 부끄러워하면서도, 지금 같은 잘못을 되풀이하는 잘못을 범한다.

언제나 우리를 어렵게 만드는 것은 소시민적 삶의 굴레이다. 세상과 삶의 부조리함을 알고 있고 그 부조리에 맞서야 한다는 것도 알고 있다. 세상의 부조리를 거부하며 바로잡으려고 맞서든지, 부조리한 내 삶을 바꾸려고 하든지, 어떤 결단이 필요하다. 하지만 그것을 위해서는 용기가 필요하다. 그런데 내가 처한 현실은 그것을 감당하기가 버겁다. 그러면 나는 어떻게 해야 하는 것일까. 오늘의 나만 그런 어려움을 말한 것은 아니다. 시인 김수영은 커다란 불의에는 침묵하면서 사소한 일에만 분개하는 소시민의 자괴감을 표현하고 있다.

왜 나는 조그마한 일에만 분개하는가
저 왕궁 대신에 왕궁의 음탕 대신에

50원짜리 갈비가 기름덩어리만 나왔다고 분개하고
옹졸하게 분개하고 설렁탕집 돼지 같은 주인 년한테 욕을 하고
옹졸하게 욕을 하고

한번 정정당당하게
붙잡혀간 소설가를 위해서
언론의 자유를 요구하고 월남 파병에 반대하는
자유를 이행하지 못하고
20원을 받으러 세 번씩 네 번씩
찾아오는 야경꾼들만 증오하고 있는가……
(「어느 날 고궁을 나오면서」)[11]

그것은 부조리한 현실 앞에서 침묵하며 살고 있는 나를 향한 부끄러움이다. 힘없는 사람들한테는 증오도 하고 욕도 하면서, 정작 훨씬 큰 잘못을 행하고 있는 힘 있는 사람들에게는 아무 소리 하지 못하고 살아가고 있는 소시민의 슬픈 자화상을 김수영은 그려내고 있다.

시인 김광규는 4.19가 나고 18년 만에 다시 만난 자기 세대의 모습을 이렇게 표현했었다.

그로부터 18년 오랜만에
우리는 모두 무엇인가 되어
혁명이 두려운 기성 세대가 되어
넥타이를 매고 다시 모였다
회비를 만원씩 걷고

처자식들의 안부를 나누고

월급이 얼마인가 서로 물었다

치솟는 물가를 걱정하며

즐겁게 세상을 개탄하고

익숙하게 목소리를 낮추어

떠도는 이야기를 주고받았다

모두가 살기 위해 살고 있었다

아무도 이젠 노래를 부르지 않았다

(「희미한 옛사랑의 그림자」)[12]

　4.19혁명의 역사를 뒤로 하고 이제 중년의 생활인이 되어 다시 만난 이 세대에게는 이제 익숙해질대로 익숙해진 대화법이 있었다. 그들은 어쩌면 판에 박은 듯한 공통의 관심사를 화제로 올린 뒤, 그렇게 헤어진다. 시인은 스스로에게 묻는다. "부끄럽지 않은가. 부끄럽지 않은가."

　하지만 어쩔 도리가 없지 않은가. 가정에서, 직장에서 이제는 생활인으로 살아가야 하는 내가 어떤 다른 선택을 할 수 있단 말인가. 직장에서 상사의 부당한 지시를 거부했다가는 사표를 내야 할, 그러고 나면 가족을 먹여 살릴 길조차 없는 내가 과연 양심을 지킬 수 있을까.* 사업이 성사되도록 뇌물을 전해주라는 악마의 지시를 거부할

---

* 양심이란 무엇인가. 다윈은 양심을 인간 본성의 차원에서 설명하고 있다. "특정한 일시적 욕구나 열정이 사회적 본능을 누르고 그에 따라 행동한 인간은, 충족 때문에 약해진 욕구와 사회적 본능에 대해 숙고하고 서로를 비교하게 된다. 그렇게 되면 인간은 사회적 본능이

수 있을까. 구체적으로 이런 일이 있었다. 국가가 주관하는 고시 면접시험에서 특정 현안에 대한 정치적 견해를 묻거나 사상검증을 하려는 질문들이 나왔다고 해서 논란이 되었다. 내가 수험생의 입장이라고 생각해 보자. 나의 견해가 정부의 그것과 일치할 경우는 아무런 문제가 없을 것이다. 하지만 나의 견해가 정부의 입장과 다르다고 판단될 때 어떻게 해야 옳은 것인가. 일단은 합격을 해야하니까 원하는 답변을 해줘야 할 것인가, 아니면 불합격을 예상하면서라도 나의 양심대로 대답을 할 것인가.

이런 문제를 판단함에 있어서 대전제는 고시에서 저런 질문을 하는 것이 정상적인 장면이 아니라는 점이다. 그렇다면 이것을 갖고 불합격을 자초하며 나의 양심을 걸 이유는 없다. 누구도 탓할 수 없는 두루뭉술한 답변을 하거나, 아니면 아예 생각과 다른 거짓 답변을 한들 그것이 반드시 양심에 위배되는 일은 아닐 수도 있다.

세상은 우리를 수없이 시험에 들게 한다. 조직이나 상사로부터의 부당한 지시, 맹목적으로 충성하지 않고서는 살아남을 수 없는 환경, 찬 밥 더운 밥 가릴 수 없는 나의 처지… 이 속에서 부끄럽지 않도록 나의 자존감과 양심을 지킨다는 것이 과연 가능한 일이겠는가. 어쩌면 독자들은 이 책에서 나온 많은 얘기들에 고개를 끄덕이면서도, 하지만 그것이 나의 것일 수는 없다는 생각을 이미 하고 있을지 모른다. 그것은 특별한 용기와 의지를 가진 몇몇 사람들의 얘기일 수는 있지만, 나의 현실과는 거리가 먼 얘기로 받아들여지기 때문이

충족되지 않아 생기는 불만족스러움을 느끼게 되고 미래에는 다르게 행동하리라고 결심한다." 찰스 다윈, 『인간의 유래2』, p.561

다. 그래서 나는 슬프다.

우리가 소크라테스의 삶 혹은 니체의 의지를 얘기하는 것은, 우리 모두가 소크라테스나 니체처럼 살 수 있다고 생각해서는 아닐 것이다. 초인적인 삶을 살고자 했던 그들의 삶을 우리가 흉내낼 이유도 없다. 그럼에도 우리가 굳이 그들의 얘기를 하곤 하는 것은, 우리 삶에 대한 자극이라는 의미가 될 것이다. 소크라테스나 니체처럼 살지 않는다 해도, 우리는 그들을 얘기하면서 이미 '용기'와 '의지'에 대해 생각할 기회를 갖게 된다. 부끄러움에 대한 얘기도 마찬가지이다. 우리는 여전히 부끄럽고 앞으로도 부끄러울 것이다. 하지만 용기를 생각하고 의지를 생각한다면 우리는 조금은 덜 부끄러운 삶을 살게 될지 모른다. 아니, 그조차 끝내 이루어지지 못한다 하더라도, 부끄러움 앞에서 고뇌하는 나의 모습을 보는 것만으로도 비로소 '살아있는 나'를 발견할 수 있지 않을까.

새로운 윤리를 만들어내는 고통스러운 과정

무엇 하나 자유롭게 결단할 수 없는 평범한 생활인으로서의 내 모습이 무력하게 느껴진다 해도, 내가 선택할 수 있는 것들은 그래도 많다. 나의 삶은 생업의 장에서만 존재하는 것이 아니다. 먹고사는 데만 갇혀있는 이기적인 내 삶의 모습이 부끄럽게 느껴진다면, 이타적인 삶의 모습을 선택하면서 만들어갈 수 있는 길은 열려있다. 어려운 이웃들이나 공공선을 위한 봉사활동, 약하거나 정의로운 사람들의 목소리를 지지해주는 일, 사회를 위해 좋은 역할을 하지만 돈이 없는 곳에 후원금을 보내주는 일 같은 수많은 방법들이 있다. 대단한 것은 아닐지라도 거기에 나의 진심이 실려 있다면, 나는 조금씩 이타적 삶을 위한 노력을 기울이고 있는 것이다. 진심이 실려 있는 행위의 의미는 생각보다 소중하다.

양심을 가진 사람들이라면 다들 부끄러워했다. 윤동주는 무엇이 그렇게도 부끄러웠던 것일까. 자신을 향한 것도 아니요, 잎새를 향해 불던 바람에서조차 그토록 괴로워했던 이유는 무엇이었을까. 일제 강점에 의해 나라를 빼앗긴 현실에서 대학에 다니고 일본 유학을 가며 무기력한 삶을 살아야 했던 자신에 대한 통렬한 반성과 참회가 그의 부끄러움에는 담겨있었다. 더구나 일본 유학을 가기 위해 창씨개명 요구에 응했던 자신을 향해 "그때 그 젊은 나이에 왜 그런 부끄런 고백을 했던가"라며 참회를 했다.(「참회록」) 잎새에 이는 바람에도 괴로워했던 그는 "인생은 살기 어렵다는데 시가 이렇게 쉽게 씌워지는 것은 부끄러운 일이다"라는 자괴감을 토로했다.(「쉽게 쓰여진 시」)[13]

부끄러움에 대한 윤동주의 고백은 단순히 자괴감을 토로하는데 그친 것이 아니었다. 부끄러움의 고백은 성찰의 거울로 자기를 들여다봄으로써 새로운 윤리를 만들어내는 고통스러운 과정이다. 부끄러움의 고백은 자신의 현재에 대한 부정이며 새롭게 변화해가겠다는 성실한 다짐이다. 파우스트의 삶에 남겨진 여러 얼룩에도 불구하고 천사들은 그를 구원하지 않았던가. "언제나 열망하며 노력하는 자, 그 자를 우리는 구원할 수 있노라."[14]

8장
죽음을 기억하는 삶

"나는 나이 듦에 맞서 싸우느라 모든 힘을 낭비하는 대신,
주름살에 새겨진 삶을 자신 있게 내 앞으로 가져오고 싶다."
— 빌헬름 슈미트, 『나이 든다는 것과 늙어간다는 것』

이렇게 살아도
되는 걸까

8장 죽음을 기억하는 삶

　　　죽지 않고 사는 방법은 없을까. 허황된 공상일 망정 인간
들은 옛날부터 그런 꿈을 꿔왔다. 잘 알려진 '삼천갑자 동방삭'三千甲
子東方朔은 『한서』漢書의 「동방삭전」東方朔傳에 나오는 말이다. 여기에는
삼천갑자를 살았다는 '동방삭'에 관한 설화가 나온다. 전한前漢의 무
제武帝는 인재를 구한다는 소식을 천하에 공포했다. 제齊나라 사람인
동방삭은 글을 써서 무제에게 올렸는데, 그 내용이 많을 뿐만 아니
라 필체도 당당하여 읽는 데 두 달이나 걸렸다고 한다. 동방삭은 해
학과 변론에 뛰어났고, 속설에 서왕모西王母의 복숭아를 훔쳐 먹었기
때문에 죽지 않고 장수했다 하여 '삼천갑자 동방삭'이라고 불렀다. 1
갑자가 60년이니까 동방삭은 그 3천배인 18만년을 살았던 셈이다.
동방삭의 설화는 오래 사는 것에 대한 동경의 표현이라 할 수 있는
데, 하지만 동방삭은 실제로는 기원전 154년부터 기원전 93년까지
62년 동안만 살다가 죽은 것으로 기록되어 있다.
　　그런가 하면 사마천의 『사기』史記에 나오는 기록을 보면 기원전 219
년에 진시황은 불로장생할 수 있는 불로초를 구해오라고 서불徐市을

바다 건너로 보냈다. 황제의 명을 받은 서불은 어린 남녀 3천명을 데리고 배를 타고 떠나 한반도의 남해 금산, 제주를 거쳐 일본까지 갔지만 다시 돌아가지 않았다고 한다. 아마 불로초를 구하지 못했던 듯하다. 그때 진시황의 나이가 마흔이었다고 하니, 영원히 죽고 싶지 않은 황제의 마음은 이미 그때부터 간절했던 것 같다. 천하를 통일했던 황제에게도 죽음은 어찌할 수 없는 것이었다. 그 뒤로도 불로장생할 수 있는 약초를 구했다는 얘기는 기록에 남은 것이 없다. 인류 역사가 시작된 이래 죽지 않고 지금까지 산 사람이 단 한 명도 없음을 볼 때, 그런 약초는 없는 것이 확실하다.

불로장생의 꿈은 이루지 못했지만 그 대신 인간들은 죽음을 늦추기라도 하기 위해 안간힘을 써왔다. 현대의학의 발달은 질병이 제약해왔던 인간의 수명을 획기적으로 연장시켰고 마침내 우리는 100세 시대를 말하는 단계에 이르렀다. 불치병으로 불리던 전염병과 암을 예방하고 치료할 수 있게 된 것은 수명을 연장시키는 획기적인 전기가 되었다. 그런가 하면 개인들의 건강에 대한 의식도 높아져 각자 건강히 오래 살기 위해 노력한다. 몸에 좋은 건강식들을 찾고 적당한 운동을 하며 좋은 공기를 찾아 나선다. 죽음을 늦추고 조금이라도 더 오래 살기 위한 인간의 집념은 대단했다. 그만큼 죽음은 인간에게 가능만 하다면 피해야 할, 그것이 어렵다면 늦추기라도 해야 할 대상이었다.

우리는 죽음을 통해 삶을 생각한다

　그러다 보니 우리는 죽음의 한 면만 보며 생각하는데 익숙해졌다. 죽음은 어떤 이유에서든지 절대 마주해서는 안 될 상대였다. 죽음하면 떠오르는 것은 언제나 종말, 고통, 불안, 공포 같은 것들이다. 죽음은 삶과 양립할 수 없는 것으로 여겨졌다. 하지만 막상 삶과 죽음은 떼려야 뗄 수 없는 관계이다. 죽음은 삶과 같이 간다. 인간은 태어나면서부터 죽어가기 시작하고, 죽어가면서 사는 존재이기 때문이다. 언젠가는 죽는다는 사실을 인식하기에 우리는 자신의 삶을 그에 맞춰 채워나가는 것이고, 결국 죽음을 생각함으로써 삶을 생각하게 된다. 그래서 죽음에 대한 우리의 얘기는 생각처럼 어둡고 우울한 것만은 아니다. 죽음을 이야기한다는 것은 다름아닌 삶을 이야기하는 것이다.

　물론 죽음은 슬프다. 가까운 사람이 죽으면 그의 영정 앞에서 우리는 눈물을 흘린다. 그가 화장장에서 한 줌의 재가 되어 함에 담겨져 나올 때, 혹은 그가 누워있는 관 위로 흙이 덮여질 때, 눈물은 비로소 통곡이 된다. 하지만 죽음으로 슬픈 것은 사실은 죽은 사람이 아니라 살아있는 우리들이다. 죽은 사람은 더 이상 존재하지 않는다. 생각하지 않는다. 그래서 슬플 수가 없다. 죽은 사람에게 죽음은 더 이상 슬픔도 고통도, 아무 것도 아니다. 하지만 그를 떠나보낸 우리는 슬프다. 다시는 그를 볼 수 없기 때문이다. 나는 그를 더 이상 만질 수가 없다. 그래서 더 이상 이어질 수 없다. 그래서 슬프다. 눈물이 난다.

　인간만 죽음을 슬퍼하는 것은 아니다. 영국 스털링대학 제임스 앤

더슨 교수는 2008년 사파리 파크에서 있었던 침팬지의 죽음의 순간을 연구했다. 사파리에 살던 늙은 암컷 침팬지가 쇠약해져서 기력이 약해지자 그 자식과 젊은 침팬지들이 어루만지거나 돌봐주는 일이 잦아졌다. 늙은 침팬지의 상태가 급격히 안 좋아져 숨이 가빠질 정도가 되자 젊은 침팬지들은 그가 숨을 거둘 때까지 어루만지고 쓰다듬어 주었다. 그러나 숨이 멎고 더 이상 아무런 반응이 없게 되자, 그런 행동을 더 이상 하지 않았다. 한 침팬지는 펄쩍 펄쩍 뛰는 행동을 하기도 했다. 그날 밤 침팬지들은 마음이 안 좋았는지, 잠을 못 이루고 뒤척이는 횟수가 평소보다 부쩍 많아졌다. 사육사들이 늙은 침팬지의 시체를 수거하는 광경을 조용히 지켜본 침팬지들은 그 뒤 몇 주 동안 먹는 양도 줄어들고 분위기도 가라앉아 있었다.

침팬지들을 관찰한 앤더슨은 인간과 동물을 구분 짓는 경계가 생각보다 명확하지 않다는 증거들이 발견되고 있다며, 죽음에 대한 인식 또한 그중 하나라고 설명했다. 어미의 죽음 앞에서 침울해진 침팬지의 머릿속에 어떤 생각이 들어있는지 우리는 정확히 알 수가 없다. 하지만 늙은 침팬지의 죽음 앞에서 젊은 침팬지들이 보인 태도는 사람이 나이가 많은 가족을 잃었을 때 하는 행동과 유사해 보였다. 어미나 동료의 죽음을 슬퍼하는 것은 인간만이 아니다. 다른 포유류 동물들도 무리들 간 유대의 감정을 갖고 있으며, 그것이 깨지는 죽음이 목격되었을 때 슬픔의 정서를 갖게 됨을 여러 연구들은 보여주고 있다.

이렇듯 죽음을 인식하고 슬퍼하는 것이 인간만은 아니겠지만, 인간에게는 다른 동물들이 갖지 못한 무엇이 있다. 그것은 죽음을 삶의 전체 과정 속에서 이해하는 능력이다. 인간은 태어나서부터 죽을 때까지 자기의 삶 전체를 생각하며 그 속에서 죽음의 의미를 이해할 수 있다.

　다음 그림은 티치아노Tiziano Vecellio, 1488경-1576의 작품 〈인간의 세 시기〉The Three Ages of Man 이다. 이 그림에는 우리 인간의 일생이 담겨있다. 그림 오른쪽에는 천사와도 같은 아이들이 있다. 세상에 막 태어나 평화롭게 잠들어있는 아이들의 모습은 누구나 거쳐 왔을 그 어린 시절을 떠올리게 한다. 그리고 그림 왼쪽에는 청춘 남녀가 마주보고 있다. 사랑의 시선으로 서로 마주보고 있는 두 젊은이는 우리 인생의 꽃과도 같은 시기를 그려내고 있다. 이 두 시기를 지나 그림 저 뒤편을 보면 고개를 떨구고 있는 노인이 있다. 노인의 손에는 해골이 쥐어져 있다. 더 이상 삶에 대한 의지 같은 것은 엿보이지 않고 체념한 듯한 노인의 외로운 모습은 누구도 피해갈 수 없는 우리 인생의 종착점을 그리고 있다.

피터 브뤼겔 〈죽음의 승리〉 1562

티치아노의 이 그림을 보면서 여러 생각을 떠올릴 수 있다. 그 누구도 피해갈 수 없는 죽음으로 이르는 과정이 주는 삶의 무게, 그리고 덧없음을 생각하는 사람도 있을 것이다. 그런가 하면 인생에서 청춘의 아름다움을 떠올리는 사람도, 반대로 늙어간다는 것의 비참함을 떠올릴 사람도 있을 것이다. 티치아노의 그림을 보면서 우리는 탄생에서 시작하여 죽음에 이르는 삶의 과정을 생각하고, 내가 지금 서 있는 지점을 성찰적으로 돌아보게 된다.

인간이 죽음을 두려워 하는 이유

이미 하이데거도 말했다. 죽음을 이해하고 자기 삶 속에서 생각할 수 있는 것은 인간 밖에 없다고. 인간은 자기 삶 속에서 죽음이 무엇인가를 미리 생각하고 죽음을 맞을 수 있기 때문에 그에 대한 두려움을 이겨낼 수 있다고. 죽음을 생각함으로써 그 두려움을 이겨낼 수 있다면 얼마나 다행스러운 일인가.

인간은 왜 죽음을 두려워해 왔던가. 햄릿은 삶과 죽음 사이의 딜레마를 이렇게 표현했다.

있음이냐 없음이냐*, 그것이 문제로다. 어느 게 더 고귀한가. 난폭한 운명

---

* 『햄릿』의 거의 모든 역자가 '사느냐 죽느냐'로 옮겼다. 그런데 최종철 선생이 번역한 민음사본은 생사의 선택이 아닌 보다 함축적인 의미를 중시하며 '있음이냐 없음이냐'로 번역하였는데, 이 번역본을 참조한 필자도 그대로 사용했다.

의 돌팔매와 화살을 맞는 건가, 아니면 무기 들고 고해와 대항하여 싸우다가 끝장을 내는 건가. 죽는 건—자는 것뿐일지니, 잠 한번에 육신이 물려받은 가슴앓이와 수천 가지 타고난 갈등이 끝난다 말하면, 그건 간절히 바라야 할 결말이다.[1]

세익스피어는 햄릿의 이 유명한 독백을 통해 '사느냐 죽느냐' 사이에 서있는 인간의 영원한 고민을 표현했다. 아버지의 복수를 위해 숙부를 향한 행동에 나서야 했지만 햄릿은 생과 사의 기로에서 내내 번민하는 모습을 보인다. "폭군의 횡포와 권력자의 오만, 좌절한 사람의 고통, 지루한 재판과 안하무인의 관리 근성, 덕망 있는 사람에게 가해지는 소인배들의 불손" 속에서 인간들은 세상의 채찍과 모욕을 참고 산다. 그래서 "걸어 다니는 그림자, 무대에서나 잠시 활개펴다가 사라져 버리는 가련한 배우"의 인생이 된다.

그러나 햄릿은 숱한 고통을 사라지게 할 죽음을 스스로 택하지 못했다. 대신 햄릿은 묻는다. "한 자루의 칼이면 깨끗이 끝장을 낼 수 있는 것을, 죽은 뒤에 밀어닥칠 두려움과 한 번 이 세상을 떠나면 다시는 돌아오지 못하는 미지의 나라가 사람의 결심을 망설이게 하는 것이 아닌가?" 햄릿이 고통과 좌절의 삶 속에서도 당장 죽을 것을 선택하지 못하며 주저했던 이유는 미지의 세계에 대한 불안 때문이다.

햄릿의 고뇌는 시공을 초월한 모든 인간의 번뇌이며 딜레마이다. 죽음 이후에는 무엇이 있을지 알 수 없기에 인간은 죽음을 쉽게 선택하지 못한 채 삶과 죽음 사이를 배회하게 된다. 인간이 죽음을 두려워하는 이유는 그것을 지각할 수 있어서가 아니라, 죽음 이후를 전혀 알지 못하는데 따른 불안감 때문이다. 어느 누구도 죽음 이후의 세계에 갔다가 되돌아온 사람이 없기에 우리는 죽음 이후에 대한 얘기를 들을 수가 없다. 생과 사는 동시에 존재할 수 없기에 우리는 죽는 순간부터 죽음에 대해 지각할 수가 없게 된다. 그래서 인간에게 죽음은 영원한 미지의 영역이고, 그래서 죽음에 대한 불안을 떨쳐버릴 수가 없다.

죽음이 두려운 또 다른 이유는, 언제 나를 찾아올지 알 수가 없기 때문이다. 죽음은 예정대로 오지 않고 불시에 닥쳐온다. 각종 사고나 재난으로 갑자기 죽게 되는 경우가 수없이 많다. 길을 가다가 알지도 못하는 사람이 휘두른 흉기에 찔려 숨지는 경우도 있다. 갑자기 심각한 병을 발견하게 되어 뜻밖에 단명의 비운을 맞기도 한다. 위험사회 속에서 생물학적인 수명을 다 채우는 삶은 막상 쉽지 않다. 그래서 죽음은 언제나 우리 곁에 있다. 언제 죽을지 모른다는 불안은 죽음에 대한 두려움을 낳는다. 우리가 알 수도 없고, 예상할 수도 없는 죽음은 언제나 두려운 상대이다.

그렇다고 죽음을 누가 대신해줄 수 없지 않은가. 인간에게 죽음은 대체불가능한 일이다. 병에 걸린 자식의 죽음이 아무리 안타깝고 슬퍼도 부모가 대신 죽는 것은 불가능하다. '차라리 내가 죽는 게 낫다는' 말은 실현될 수 없는 마음일 뿐이다. 나의 죽음은 오롯이 나의 것일 수밖에 없다. 그래서 외롭고 무서울 수 있는 것이 죽음이다.

죽음을 두려워하지 말라던 현인들

하지만 어떻게 살아야 하는가를 말했던 많은 철학자들은 죽음을 어떻게 대할 것인가를 또한 말했다. 에피쿠로스는 죽음은 우리에게 아무 것도 아니니, 그렇게 생각하는데 익숙하라고 말한다.

> 그렇기 때문에 죽음은 여러 가지 재액 가운데서도 가장 두려운 것으로 되어있는데 사실 우리에게 있어서는 아무 것도 아닌 것이다. 왜냐하면 현실로 우리가 살아서 존재하고 있을 때에는 죽음은 우리가 있는 곳에는 없고, 죽음이 실제로 우리에게 닥쳐왔을 때에는 우리는 이미 존재하지 않기 때문이다. 따라서 죽음은 살아있는 사람들에게 있어서나, 또 죽어버린 사람들에게 있어서나 아무 것도 아닌 것이다.[2]

그래서 현자는 삶을 회피하지도 않거니와 삶의 중단을 두려워하지도 않는다. 왜냐하면 현자에게 있어서는 살아있는 것이 아무런 번뇌도 되지 않고, 또 삶을 중단하는 것이 무언가 나쁜 일로 생각되지도 않기 때문이다. 훌륭하게 살기 위한 수련과 훌륭하게 죽기 위한 수련은 본디 같은 것이었다. "죽음은 그것을 기다리는 만큼 괴롭지 않다"고 했던 오비디우스, "죽음은 한순간의 이동인만큼, 생각으로 밖에는 느껴지지 않는다. 사실 우리가 죽음에서 주로 두려워하는 것은 습관적으로 죽음에 앞서 오는 고통이다"라고 했던 몽테뉴, 모두가 죽음은 막상 아무런 고통이 아닐 것이니 두려워하지 말 것을 얘기했다.

장자의 일화 또한 단지 철학으로서가 아니라 실제 삶에서 죽음을 어떻게 대했는지를 알 수 있게 한다. 『장자』 외편 '지락'至樂에 나오는 얘기이다. 장자의 처가 죽자 친구 혜자가 문상을 갔는데 장자는 두 다리를 뻗고 앉아 동이를 두드리며 노래를 부르고 있었다. 그래서 혜자가 "부인이 죽었는데 너무 심한 것 아니냐고" 말했다. 이에 장자가 대답했다.

> 그렇지 않네. 그가 처음 죽었을 때에야 나라고 어찌 슬픈 느낌이 없었겠
> 는가? 그러나 그가 태어나기 이전을 살펴보니 본시 삶이 없었던 것이
> 었고, 삶이 없었을 뿐만 아니라 본시 형체조차도 없었던 것이었으며, 형체
> 가 없었을 뿐만 아니라 본시 기운조차도 없었던 것이었네. 흐리멍덩한 사
> 이에 섞여 있었으나 그것이 변화하여 기운이 있게 되었고, 기운이 변화하
> 여 형체가 있게 되었고, 형체가 변화하여 삶이 있게 되었던 것이네. 지금
> 은 그가 또 변화하여 죽어간 것일세. 이것은 봄, 가을과 겨울, 여름의 사철
> 이 운행하는 것과 같은 변화였던 것이네. 그 사람은 하늘과 땅이란 거대한
> 방 속에 편안히 잠들고 있는 것일세. 그런데도 내가 엉엉하며 그의 죽음을
> 따라서 곡을 한다면 스스로 운명에 통달하지 못한 일이라 생각되었기 때
> 문에 곡을 그쳤던 것이네.[3]

이렇게 현인들에게 죽음은 두렵고 무서운 것이 아니었다. 죽음은
그렇게 대단한 것이 아니었다.

태어나고서 죽어가는 것은 자연의 순리

물론 죽음은 나에게는 일생일대의 최대 사건이다. 내가 더 이상
존재할 수 없다는 사실 보다 더 큰 일이 어디 있겠는가. 하지만 나의
죽음은 나와 주변 사람들에게만 큰 일일뿐, 거대한 자연의 이치로
보면 아무 일도 아니다. 생물학적으로 말하자면, 죽음은 심장이 정

지함에 따라 호흡도 멈추게 되고 여러 생명활동이 끝나게 되는 상태를 의미한다. 생물로서의 인간이 생명활동을 끝낸다는 것은 자유 의지를 가진 주체로 생각되었던 인간을 보잘 것 없게 만드는 일이기도 하다. 심장과 뇌와 세포가 당장 죽어버리는 상황은 인간의 의지로 극복될 수 없기 때문이다.

사실 세상에 태어나서 번식의 임무를 마친 개체가 노화하고 죽게 되는 것은 진화의 법칙으로 볼 때 지극히 당연하고 자연스러운 일이다. 만약 그렇지 않고 한번 태어난 개체가 영구히 살게 된다면 지구는 유지될 수 없을 것이다. 번식의 임무를 마친 개체는 자신이 낳아 놓은 개체들이 성장하고 살아가는 것을 보면서 자신은 죽어가는 것이 자연의 순리이다. 그렇게 내가 죽어야 내가 낳은 개체들이 뒤를 이어 살아갈 수 있는 것이다. 내가 오래오래 살고 싶은 것은 어디까지나 나의 희망일 뿐 진화의 법칙에게는 그 같은 사정은 고려의 대상이 아니다. 나에게는 잔인한 일이지만, 내가 죽어야 지구상의 모든 개체들이 평화롭게 사는 환경이 가능해진다. 그래서 나는 죽어야 하는 것이 자연의 이치이다.

어찌 보면 이 넓은 지구에서 먼지 하나 왔다가 가는 것만도 못한 것이 우리의 탄생과 죽음이다. 인간의 역사에서 도대체 얼마나 많은 숫자의 생명이 태어났다가 죽어간 것일까. 분명한 것은 단 한 명의 예외도 없었다는 사실이다. 당사자로서의 집착을 떠나 거리를 두고 바라보며 생각한다면 죽음은 너무도 자연스러운 일이고, 그렇기에 너무 원통해 할 일은 아니다. 내가 죽는 것을 넘어 인류가 멸종한들 누가 그리 슬퍼할 일이겠는가. 생태학자 최재천 교수의 말처럼 "인간이 사라진 것을 애도할 생물은 아마 바퀴벌레를 제외하고는 거

의 없을 것"이다. 인간이란 아침 식탁에도 다른 동물의 몸이 오를 정
도로 최고의 포식자이자 안락한 생활을 위해 무수한 동식물들의 삶
의 터전을 쑥대밭으로 만드는 무자비한 파괴자였기 때문이다.[4] 인간
이 사라진다는 것은 인간들에게만 슬픈 일일뿐, 지구의 다른 생물들
에게는 좋은 일로 받아들여질지 모른다. 우리는 생명을 철저히 인간
중심으로만 바라보아왔다.

하이데거는 "인간은 태어나자마자 죽기에는 충분히 늙어있다"며
인간을 가리켜 '죽을 자'das Sterbliche라고 했다. 산다는 것은 죽어간다
는 것과 같은 말이다. 인간은 원래 자기의 선택과 의지에 따라 세상
에 태어난 존재가 아니다. 자신의 의지와는 상관없이, 자신도 모르
게 세상에 던져졌을 뿐이다. 그래서 인간은 태어나면서부터 죽음 속
에 던져진 존재이며, 죽음을 향해 가는 불안한 존재이다. 인간은 끝
에 이르면 존재가 사라지고, 끝에 이르지 못하면 전체 존재에 이르
지 못한다. 그렇기 때문에 내가 누군지 말하기가 어렵다. 죽어서야
내 모습은 완성된다.

죽음에 대한 불안을 굳이 피할 필요는 없다. 죽음까지 가는 길을
내 삶을 완성시켜가는 과정으로 받아들일 때, 죽음의 불안은 삶에
대한 의욕으로 전환될 수 있을 것이다. 늙어간다는 것이 의미없는
삶의 유지가 아니라, 마지막까지 나를 원숙하게 성장시켜 가는 과정
이라 생각할 때, 남아있는 삶은 여전히 의지와 활력이 도는 시간일
수 있다. 늙을수록 깊어지고 넓어질 수 있는 나를 만들어가는 노력
이 함께 한다면 말이다.

늙어간다고 변화를 포기하지 말라

  이렇듯 죽음이 삶의 완성을 향해 간다는 것은 인간이 나이가 들수록 성숙해짐을 의미한다. 독일 철학자 빌헬름 슈미트Wilhelm Schmid, 1953는 『나이 든다는 것과 늙어간다는 것』에서 "사람은 스스로 받아들일 수 있는 진실만 있어도 평정을 잃지 않고 침착하게 살아나갈 수 있다"면서 "나는 나이 듦에 맞서 싸우느라 모든 힘을 낭비하는 대신, 주름살에 새겨진 삶을 자신 있게 내 앞으로 가져오고 싶다"고 했다. 자신의 삶을 자신 있게 떳떳하게 받아들일 수 있을만한 노력을 하면서 나이를 먹어간다는 의미일 것이다.

  우리가 나이를 먹고 늙어가면서 조심해야 할 것은 자기의 생각에만 갇혀 고집 세고 완고한 노인이 되어버리는 일이다. 아마 우리가 젊었을 때 많이들 경험했을 것이다. 노인이 되어버린 어른들과 얘기를 할 때면 그 분들의 고집 앞에서 좀처럼 소통이 되지 않는 벽 같은 것을 느꼈던 일말이다. 노인들은 흔히 자신의 경험을 앞세우며 의견을 굽히지 않으려 한다. 사람마다 경험은 다른 것이고, 경험의 차이에 따른 생각의 차이를 인정해야 서로 간에 얘기가 되는 것인데, 나의 경험만이 절대적 기준으로 섬겨지면서 고집스러울 정도의 집착을 드러낸다.

  늙어가면서 삶이 완성된다는 것은 자신의 경험과 생각을 절대시한다는 것과는 전혀 다른 의미이다. 늙어가면서 겸손할 수 있는 것이야말로 내면의 완성을 향해 가는 모습이다. 때로는 젊은 사람들에게조차 자기를 낮추며 그들의 의견을 경청하는 태도는 세상을 넓게 껴안을 수 있게 된 노년의 힘을 보여준다. 단지 나이가 많다는 이유로 자신의 옳음을 무턱대고 강변하는 것은 부끄러운 일이다. 나이가 많은 사람은 나이의 숫자가 아니라, 젊은 사람들이 생각하지 못했던 깨우침을 갖고 그들과 대화해야 한다. 그렇지 않고 나이를 무기삼아 다른 사람들의 말을 귀담아들으려 하지 않고 자기 고집만 부리는 것은 노년의 추함이다.

자기 고집에만 갇혀있는 사람은 자기 변화를 포기한 것이다. 이제까지 살아오면서 경험한 것만으로도 충분하니 나는 더 이상 변화할 것이 없다, 이제 굳이 더 변화해서 무엇 할 것인가, 거기에는 삶에 대한 이런 자포자기식 심리가 깔려있다. 더 이상 생각을 변화시키려 하지 않는 사람은 삶을 멈춘 것과 다를 바 없다. 숨을 쉬고 심장은 아직 뛰고 있지만, 그의 삶에는 더 이상 아무런 자극도 울림도, 그리고 다짐도 없을 것이기 때문이다. 영혼이 살아있는 삶을 계속 살아가기 위해서는 늙어가도 배우고 깨우침을 얻으려는 노력을 멈춰서는 안 된다. 언제나 세상 다른 사람들의 얘기에 귀 기울이고, 끊임없이 좋은 책과 말들을 접하는 노력이 필요하다. 공부를 하면서 계속 깨우치는 생활을 하는 것이야말로 늙지 않는 영혼을 간직하는 길이다.

루소는 67세의 나이로 죽기 직전에 집필했던 『고독한 산책자의 몽상』 가운데서 죽음을 향해 늙어가는 마음을 표현했다. 그는 "경주가 다 끝나가는 마당에 마차를 잘 모는 법을 배운들 무슨 소용이랴?"며 "그때는 오직 어떻게 그 경기장에서 나올 것인가를 생각해야 하지 않겠는가? 늙은이의 공부는, 아직도 해야 할 공부가 남아 있다면, 오직 죽는 법을 배우는 것뿐"이라고 말한다. 하지만 루소가 말한 '죽는 법을 배우는 것'이 삶에 대한 집착이나 삶의 허망함에 사로잡히는 것은 아니다. 루소에게 "인내, 온유함, 체념, 청렴, 공평무사한 정의 같은 것들은 자기 자신과 함께 가져갈 수 있는 자산으로서, 죽으면 가치가 사라지지 않을까 하는 두려움 없이 계속 쌓아나갈 수 있는 것"이다. 그래서 루소는 "바로 이 훌륭하고 유익한 연구에 내 남은 노년을 바치고자 한다"고 힘주어 말한다. "나 자신의 진보를 통해, 최상의 모습은 아니더라도 생에 발을 들여놓던 시절보다 더 덕성스러운 모습으로 생을 마감하는 법을 배운다면 더 행복하리라!"[5]

이렇게 이제까지 살아왔던 시간들 속에서의 모습보다 발전된 나의 모습으로 노년을 보낼수 있다면, 죽음은 내 삶을 완성하는 의미를 가질 수 있을 것이다.

자살은 존엄사가 될 수 있는가

누구나 언젠가는 죽는 것이지만, 그래도 잘 살다가 잘 죽기를 우리는 소망한다. 잘 죽는다는 것은 과연 무엇인가. 결국은 존엄한 죽음의 문제이다. 죽을 때까지 인간으로서의 존엄을 지키고, 자기의 모습을 잃지 않을 수 있느냐 하는 것이다. 여기서 자살은 대단히 논쟁적인 문제이다. 스스로 죽음을 선택하는 행위인 자살을 어떻게 볼 것인가 하는 문제는 역사적으로도 다양한 해석을 낳아왔다.

오늘날 자살은 인간에게 있어서 가장 비참한 마지막 선택으로 받아들여진다. 차라리 죽는게 사는 것보다 낫다고 생각되는 막다른 골목에서 선택하는 것이 자살로 생각되지 않았던가. 그러나 인간의 역사에서 자살이 그렇게 비참한 것으로만 해석되지는 않았다. 고귀한 자살을 말할 때가 있었다. 고대 그리스 철학자들은 일찍이 인간의

존엄을 지키기 위한 철학적 자살에 대해 말했다. 키레네학파, 키니
코스학파, 에피쿠로스학파, 스토아학파는 개인의 지고한 가치를 인
정하고 개인의 자유가 스스로 생사를 결정할 수 있는 능력에 있다고
보았다. 그들은 삶이 좋을 때, 즉 삶이 이성과 인간의 존엄성에 부합
하고 악惡보다 만족을 더 많이 가져다줄 때에만 삶의 지속 가치가 있
다고 보았다. 따라서 삶이 좋지 않은데도 계속 살아가는 것은 미친
짓이다.[6]

디오게네스는 인생을 살기 위해서는 이성을 갖추거나, 그렇지 않
으면 밧줄을 준비해두어야 한다고 늘 말하고 있었다.[7] 물론 그 밧줄
은 자신의 목을 매기 위한 것이다. 이성을 지키지 못하는 지경이 되
면 삶을 포기하라는 얘기였다. 스토아학파의 시조 제논은 강의를 다
녀오다가 땅에 발이 걸려 넘어져 발가락이 부러졌는데, 그는 이를
대지大地로 돌아가야 한다는 징표로 받아들이고 자살을 선택했다고
전해진다. 이때 제논이 자신을 넘어뜨린 대지를 주먹으로 치면서,
'내가 가려고 하고 있는데, 왜 그렇게 소리쳐 나를 부르고 있는가'라
고 말하고서 자살을 했다고 디오게네스 라에르티오스는 기록하고
있다.[8] 이들은 죽음을 두려워하지 않았다.

많은 고대인들은 자신의 고결함, 자유, 인격이 공격받든가 위험에
빠졌다고 생각할 때 스스로 목숨을 끊었다. 그렇게 해서 투옥되거나
낯선 주인의 노예가 되어 자아를 상실할 위기에 빠졌을 때, 자살이
라는 행동이 빈번하게 일어났다. 이들에게 자살은 삶의 장애물들에
맞서 자기 인격의 자유와 존엄을 유지하는 해결책이었다.[9] 크네소폰
은 기원전 401년, 그리스 용병 만여 명이 타코에르 요새를 포위했을
때 벌어진 비극적인 사태를 기록했다. "여자들은 먼저 자식들을 절

벽 아래로 집어던진 뒤 자기도 뛰어내렸다. 남자들도 마찬가지였다. 스팀팔로스 출신의 아이네이아스는 뛰어내리려는 어떤 남자를 말리려고 옷을 붙잡았다가 그와 함께 절벽 아래로 떨어졌다."[10] 포로가 되어 존엄을 잃는 처지가 되느니 다 같이 죽자고 뛰어내린 것이다. 인간으로서의 존엄이 지켜질 수 없다고 생각되면 스스로 죽음을 택하는 것이 옳다고 생각했다.

역사에서 자살이 금지되었던 이유

그렇다고 자살을 긍정적으로 받아들였던 의견이 역사에서 주류를 점했던 것은 물론 아니었다. 고대사회에서도 플라톤이나 아리스토텔레스 같은 철학자들은 자살에 반대했다. 플라톤은 자살을 신의 영역에 인간이 침범한 것으로 보아 죄라고 판단했고, 아리스토텔레스는 자살이란 사회에 대해 각자 지고 있는 책무를 비겁하게 회피하는 것이므로 그릇된 행동이라고 보았다. 고대사회 후기로 접어들면서 자살에 대한 부정적 인식은 더 늘어나게 된다. 자살의 범람에 따른 우려 때문이었다.

자살이 용서할 수 없는 죄로 다루어진 것은 중세사회 들어서였다. 유럽의 중세사회에서 자살은 신에 대한 정면 도전이며 살인을 하는 것으로 인식되어 서슬 퍼렇게 금지되었다. 죽은 다음에 더 나은 세상이 있을 것이라는 희망은 받아들여지지 않았고, 사람들에게는 현세에서의 고통을 감내하며 살아가는 것 이외의 다른 선택이 허용되지 않았다.

스콜라 철학자 토마스 아퀴나스Thomas Aquinas, 1224-1274는 "인간은 신에게서 생명을 선물 받았고, 오직 신만이 생과 사를 결정할 수 있기 때문에, 자살하는 사람은 신에게 죄를 짓는 것"이라고 했다. 그래서 자살은 자연에 대한 범죄이자 공동체에 대한 범죄라고 보았다. 그래서 종교회의는 자살자들에 대한 장례미사, 추모미사, 교회묘지 매장 등을 모두 금지시켰다. 교회와 귀족들은 경제적인 관점에서도 자살을 금지했다. 이들은 인구가 줄어들어 일할 사람이 모자라 경제적 위기가 발생하는 것을 우려하여 자살을 금지시킨 것이다. 스스로 죽는 것은 동정 받을 일이 아니라 용서할 수 없는 죄였다.

그런데도 자살을 한 경우에는 죽은 시체가 공개 재판을 받아야 했다. 마을공터나 시장에서 시체에 대한 재판이 이루어졌고, 시체를 나무에 매달거나 물에 빠뜨리거나 도시 밖으로 끌고 갔다. 또한 그 가족들에 대한 처벌도 뒤따랐는데, 자살한 사람의 재산 뿐 아니라 남아있는 가족들의 재산도 몰수되었고 가족들까지 조롱과 멸시의 대상이 되었다. 이처럼 중세사회에서는 자살은 단죄되었고 스스로 목숨을 끊을 자유는 인정되지 않았다.[11]

자살이 단죄의 대상이 아니라 보호와 치료의 대상으로 인식된 것은 근대사회에 들어서면서부터였다. 계몽주의 철학이 등장하고 나서야 자살을 의학적이고 심리학적인 문제로 보는 견해가 힘을 얻었고, 이로써 자살한 사람에 대한 동정과 이해가 필요함을 깨닫게 되었다. 계몽주의 철학은 교회가 자살을 미신적으로 저주하는 것에 반대했다. 물론 자살에 대한 거부감을 갖는 사람들도 있었지만, 대부분의 계몽주의 철학자들은 자살이 어떤 특정한 상황에서는 있을 수 있는 것이라는 인식의 전환을 낳았다. 이제 자살은 범죄가 아니라

의학과 세계관에 관련된 문제로 바라보게 되었고, 자살 기도자들을 의학적·심리학적으로 도와주려는 사회적 노력들이 행해지기 시작했다. 수많은 자살 속에서 비로소 인간이 보이기 시작한 것이다.

초기 근대사회에서 비로소 각성이 이루어진 것처럼, 자살은 그 자체로 죄가 아니다. 루소는 『사회계약론』에서 인간이 목숨을 쉽게 버려서는 안 된다는 점을 강조했지만, 불행한 처지나 질병에 대해 사회가 아무런 도움을 줄 수 없는 경우에는 자살을 허용해야 한다고 보았다. 이성적 사유를 하는 인간은 자기 운명의 주인이며 자신의 목숨마저 끊을 자유가 있다. 삶이 죽음보다 고통스럽고 견디기 어렵다고 판단할 때 인간은 죽음을 택할 수 있다. 그것은 자신의 생명에 대한 자기결정권이다. 사회가 그러한 개인을 비난하고 단죄할 수 있는 것일까. 사회가 더 이상 개인의 고통을 덜어주는 보호막의 역할을 하지 못했을 때, 그 개인을 향해 사회에 대한 책임만 요구할 수는 없는 것이다. 인간은 다른 누구를 위해서가 아니라 바로 자신을 위해 죽음을 선택할 권리가 있다.

하지만 자살은 혼자만의 선택이지만, 나 혼자만의 일은 아니다. 자살은 내가 사랑하는 사람들에게 너무도 큰 고통과 슬픔을 안겨주는 행위이기 때문이다. 정작 자살하는 사람은 죽음을 택한 이후에는 고통을 겪지 않는다. 죽음 자체로 나는 끝나기 때문이다. 고통스러운 것은 내 주변의 사람들이다. 내 가족과 지인들은 더 이상 나를 볼 수 없음에 슬퍼하고, 내가 죽음으로까지 가게 된 상황을 아파할 것이다. 따라서 자살은 나의 고통을 끊기 위해 타인들에게 고통을 넘겨주는 행위이다. 그래서 자살은 나의 고통에서 시작되었지만 결국 다른 사람들의 고통으로 끝나버리는 비극일 수밖에 없다.

삶이 고통스럽다고 해서 모두가 자살을 택하지는 않는다. 인간은 고통스러워도 그 의미를 발견할 수 있을 때 참고 견디며 살아간다. 하지만 자신이 살아야 하는 의미를 잃었을 때 그는 고통을 견딜 힘을 함께 잃게 된다. 결국 삶과 죽음 사이에서 인간의 고통을 좌우하는 것은 고통 자체라기 보다는 삶의 의미를 간직할 수 있는가에 달려있다.

죽음을 기억하라, 삶이 달라질 것이다

카뮈의 『이방인』에 나오는 뫼르소는 바닷가에서 살인을 한 죄로 재판을 받으면서도 죽음을 무릅쓰며 거짓말을 거부한다.[12] 여기서 말하는 거짓말은 단지 있지도 않은 것을 있다고 말하는 것뿐만 아니라, 눈 앞의 상황에 맞추어 자신의 생각을 과장해서 말하는 것도 의미한다. 재판은 뫼르소를 짜여진 공식 속에 집어넣고 관습에 따라 단죄하려 한다. 검사의 눈에 보이는 뫼르소는 어머니 장례식에서 눈물도 흘리지 않았고, 장례식을 치른 다음 평소와 마찬가지로 수영을 하고, 어떤 여자를 만나 정사를 벌인 인물이었다. 따라서 마땅히 단죄되어야 할 죄인이었다. 하지만 뫼르소는 자신을 고의적 살인범으로 몰아가는 재판정에서 자신이 느끼는 감정들을 조금도 과장하지 않은채 진실만을 말한다. 사형을 피하기 위해 유리한 진술을 하는 일이 없었다. 오히려 그만 귀찮아져서, 무심해서 입을 닫아버린다. 그래서 뫼르소는 변호사도 판사도 이해해 주지 못하는 '이방인'이 되어버린다. 재판의 결과는 사형이었다. 하지만 뫼르소는 행복을 느끼

214

며 사형의 시간을 맞는다.

아무도 엄마의 죽음을 슬퍼할 권리는 없는 것이다. 그리고 나도 또한 모든 것을 다시 살아 볼 수 있을 것 같은 생각이 들었다. 마치 그 커다란 분노가 나의 고뇌를 씻어 주고 희망을 가시게 해주었다는 듯, 신호들과 별들이 가득한 그 밤을 앞에 두고, 나는 처음으로 세계의 정다운 무관심에 마음을 열고 있었던 것이다. 세계가 그렇게도 나와 닮아서 마침내는 형제 같다는 것을 깨달으면서, 나는 전에도 행복했고, 지금도 행복하다는 것을 느꼈다. 모든 것이 완성되도록, 내가 덜 외롭게 느껴지도록, 나에게 남은 소원은 다만, 내가 사형 집행을 받는 날 많은 구경꾼들이 와서 증오의 함성으로 나를 맞아 주었으면 하는 것뿐이었다.

사실 인간은 모두가 사형수이다. 인간은 누구나 다 죽기 때문이다. 사형수 뫼르소는 죽음 앞에 서서 비로소 삶의 행복과 가치를 발견한다. 마치 시지프가 다시 산 아래로 내려가려는 순간 의식이 깨어나는 순간이듯이, 인간은 죽음 앞에서 삶의 소중한 의미를 깨닫게 된다. 뫼르소는 진실을 지키며 죽음을 자신의 것으로 받아들였다. 이런 뫼르소를 가리켜 카뮈는 "그 어떤 영웅적인 태도를 취하지 않으면서도 진실을 위해서는 죽음을 마다하지 않는 한 인간"이었으며, "우리들의 분수에 맞을 수 있는 단 하나의 그리스도"[13]라고 술회한다.

이렇듯 죽음의 의미는 내가 어떻게 해석하고 받아 들이냐에 따라 달라진다. 우리는 죽음에 대한 생각을 통해 삶을 생각하게 된다. 언젠가는 닥칠 죽음을 나의 것으로 받아들임으로써 삶의 소중함을 다시 생각하게 되는 것이다. 빌헬름 슈미트는 죽음에 대한 해석에 따라 삶의 귀중한 의미가 발견될 수 있다고 말한다. 그는 "삶뿐만 아니라 죽음도 해석의 문제"라고 설명한다.[14] 죽음은 삶에 의미를 부여하는 사건으로 해석될 수 있기 때문에 죽음에 대한 해석은 우리에게 위안을 줄 수 있다. 그래서 죽음은 삶을 가치 있는 것으로 만들어준다. 한정적으로만 쓸 수 있는 것은 귀중하기 때문이다.

그렇다. 모든 인간은 수명이 제한되어 있다. 언젠가는 죽을 수밖에 없다는 삶의 유한성은 우리가 살고 있는 이 시간의 의미를 각별하게 만든다. 만약 인간의 삶이 유한하지 않고 영원하다면 어떤 일이 벌어지겠는가. 대부분의 인간들은 자기 삶에 대해 긴장하지 않게 될 것이다. 어차피 무한성이 보장되어 있는 삶에서 절박한 것은 없다. 이렇게 한번 살아보고, 그러다 안 되면 다시 저렇게 살아보고, 그런 식의 삶의 태도가 생겨날 것이고 삶의 소중함 같은 것은 성립하기 어려운 얘기가 된다. 그때 삶은 가치 없는, 거리에 뒹굴어 다니는 돌멩이 같은 것이 될지도 모른다.

그래서 독일 철학자 로베르트 슈페만Robert Spaemann, 1927-은 "영원한 삶 속에서는 어떤 것도 귀중하지 않다. 우리가 충실한 삶을 살기 위해서는, 존재의 소멸의 위협에서 오는 불안이 필요하다"[15]고 말한다. 인간이 영원히 산다는 것은 모든 순간, 모든 기쁨, 모든 인간적 만남이 무의미한 것으로 퇴색한다는 것을 의미한다. 그리 된다면 우리는 지금 하고 있는 모든 것을 내일도, 그 다음 날도 똑같이 할 수 있을 것이다. 그래서 우리에게는 어떤 일도 중요하지 않게 될 것이다. 매 순간이 귀중한 이유는 우리의 인생에서 그 시간이 다시는 되돌아올 수 없다는 사실에 있다.

누구나 언젠가는 죽게 되어있다는 삶의 비극성이, 이제 죽음이 있기에 오늘의 삶이 귀중하다는 새로운 인식으로 변화하게 된다. 삶의 유한성, 즉 죽음에 대한 인식은 삶의 귀중함을 일깨우는 것이요, 지금 살고 있는 삶에 대한 자신의 책임을 높이게 된다. 니체의 '영원회귀'도 우리에게 질문을 던진다. "당신은 자신의 삶을 선택했는가? 당신의 삶을 완성했는가?" "다시 한번 똑같은 삶이 무한히 반복되는 것을 원하는가?"

당신은 매순간을 잘 살 수 있는가. 또 다시 영원히 되풀이해서 기꺼이 살고 싶다고 말할 수 있을 만큼 잘 살 수 있는가. 니체는 그에 대한 답을 요구하고 있다. 한번 뿐인 삶을 우리는 충분히 잘 살아야 한다. 죽음을 상상하라. 죽음을 잊지말라. 그러면 살아있다는 것의 가치를 깨달을 수 있을 것이다. 스티브 잡스Steve Jobs, 1955-2011는 생전에 스탠퍼드대 졸업식 연설에서 자신이 받았던 죽음 선고가 삶의 소중함을 발견하는 계기가 되었음을 말하며 죽음을 생각하라고 당부한다.

'곧 죽는다'는 생각은 인생의 결단을 내릴 때마다 가장 중요한 도구였습니다. 모든 외부의 기대, 자부심, 수치스러움과 실패의 두려움은 '죽음' 앞에선 모두 떨어져나가고 오직 진실로 중요한 것들만이 남기 때문입니다. 죽음을 생각하는 것은 무엇을 잃을지도 모른다는 두려움에서 벗어나는 최고의 길입니다. 여러분은 죽을 몸입니다. 그러므로 가슴을 따라 살아야 합니다.

메멘토 모리Memento mori. 죽음을 기억하라. 그러면 나의 삶이 달라질 것이다. 나는 과연 죽을 때까지 나 자신을 지킬 수 있을 것인가. 결국 죽는 것은 나이다. 나는 내 모습을 지킨 채로 나의 죽음을 마주할 수 있을 것인가. 내 삶의 숙제이다.

이렇게 살아도
되는 걸까

9장
손잡을 수 있는 용기

"사랑한다는 것은 우리가 서로 마주보는 것이 아니라
함께 같은 방향을 바라보는 것이다."

— 생 텍쥐페리, 『인간의 대지』

9장 손잡을 수 있는 용기

　　사는 것이 힘들다. 열심히 사느라고 애써왔지만, 이 피곤
하고 힘든 삶이 언제나 달라질 수 있을지 알지 못한다. 앞서 있는 사
람은 그것을 지키느라 힘들고, 뒤져있는 사람은 그것을 쫓아가며 버
티느라 힘들다. 마치 완전무장을 하고 삶의 끝없는 행군을 하고 있
는 모습이다. 내가 가고 있는 이 길의 끝에는 과연 무엇이 있는 것일
까. 그것을 알지 못한 채 나는 가고 있다. 가던 길을 멈추기라도 하
면 다시는 따라갈 수 없을 정도로 뒤처질지 모르기 때문이다. 힘들
다. 하지만 나는 쉼 없이 가야 한다.

　세상이라도 공평하다면 위안이 될지 모른다. 나만 이렇게 살기 힘
든 것이 아니라 이 사회에 사는 사람들 모두가 다 그런 것이라면 말
이다. 하지만 금수저를 물고 세상에 나온 사람들의 삶은 나와 다르
지 않은가. 내가 아무리 열심히 산들, 그들이 누리고 있는 풍요와 안
정의 10분의 1이라도 따라갈 수 있을까. 세상은 열심히 살았다고, 선
하다고 잘 사는 곳이 아니다.

　세상은, 나를 둘러싼 이 환경은 하루아침에 달라지지 않는다. 아

니, 달라지는 것이 정말로 가능한지 조차 장담할 수 없다. 지치지 않고 길을 가는 인내와 끈기가 없다면 버티기가 어렵다. 수적천석水滴穿石. 떨어지는 물방울이 바위를 뚫는다는 말이다. 세상은 때로는 한방의 승부를 걸며 사는 것이 필요할 때도 있지만, 많은 경우 스스로를 처마 밑에서 떨어지는 작은 물방울로 생각해야 할 때가 있다. 인생은 마라톤 경주와 같다. 단숨에 승부를 내려다가는 호흡 곤란을 겪어 중간에 포기하기 쉽다. 긴 호흡으로 끝까지 갈 수 있는 힘을 비축해가며 달려야 하는 것이 우리의 인생이다.

억지로 만들어낸 희망의 한계

우리가 삶의 어려움 앞에서도 지치지 않고 가던 길을 계속 가는 것은 반드시 희망이 있어서는 아니다. 우리는 흔히 희망을 가져야 삶의 용기가 생긴다고 말한다. 그러나 이 어려운 시대에 희망이라는 것이 진짜로 있는 것인지 우리는 알지 못한다. 희망 가운데 많은 것은 억지로 만들어낸 거짓 희망일 가능성이 크다.

그래서 스피노자는 희망에 의존하지 말라고 한다. 그는 『에티카』에서 "희망과 두려움의 정서는 그 자체로 좋은 것일 수 없다"고 말한다. 그러니 "우리가 이성의 인도에 따라 살아가려고 더 많이 노력할수록 우리는 희망에 덜 의존하고 두려움에서 벗어나려고 더 많이 노력하게 되어, 우리가 할 수 있는 한 운fortune을 통제하고 이성의 확실한 조언에 따라 우리의 행동을 이끌어가려고 더 많이 노력하게 된다"고 한다.[1] 이것이 무슨 소리일까. 희망이 좋은 것이 아니라니. 이성적으로 살아가려 할수록 희망에 의존하지 않게 된다니.

우리는 두려움이 좋지 않은 정서라는 것은 쉽게 이해할 수 있지만, 희망 또한 왜 좋지 않은가에 대해서는 의문이 들 수 있을 것이다. 스피노자는 희망에 의존하는 삶이 결국 미래에 대한 불확실성 속에서 불안해한 결과라고 보는 것이다. 그래서 두려움은 물론이지만, 희망조차도 인식의 부족, 정신의 무능력의 징표이다. 따라서 우리는 희망을 줄이고 보다 이성적인 삶을 살도록 노력해야 한다는 말을 스피노자는 하는 것이다.

우리가 사는 시대는 가짜 희망으로 언제까지나 버틸 수 있는 시대가 아니다. 희망을 억지로라도 만들어내면 일순간은 용기가 생기고 하겠지만, 그것이 실제 희망이 아니었음을 알게 될 때 더 이상 버틸 힘을 잃게 된다. 일시적인 위안만 가져다주고 마는 힐링이란 것이 그렇다. 위안을 주려고 일부러 만들어낸 희망이 갖는 힘은 한계가 분명하다. 그런 희망에 의존해 살려는 것으로 문제가 해결되지는 않는다. 오히려 나의 삶이 어려운 환경 속에 처해있음을 직시할 때, 비로소 나는 어려움을 견뎌낼 끈기 있는 힘을 쌓아갈 수 있다. 인생은 회심의 한방에 의해서라 아니라, 자기 삶에 대한 자세가 얼마나 끈질기냐에 따라 크게 달라지곤 한다.

정의는 과연 이기는 것일까

정의는 반드시 이긴다는 말도 그렇다. 역사가 너희를 심판할 것이라는 말의 상투성을 생각해 보았는가. 실제로 역사가 불의를 어김없이 심판하던가. 역사에서 정의는 수없이 조롱당해왔다. 힘이 약한 사람들은 어쩔 수 없이 정의가 불의를 심판하는 과제를 후일의 역사에 넘기지만, 막상 그 역사는 심판을 하지 못한다. 그래서 되묻게 된다. 정의라는 것이 과연 불의를 이길 수 있는 것일까. 내 눈 앞에서 벌어지는 장면들을 보면 그렇다는 답을 내놓을 수가 없다. 정의가 이겨야 하는 것은 도덕이지만, 정의가 이기지 못하는 것은 현실이다.

그래서 우리는 정의에 대한 회의를 품게 된다. 도대체 약자에게도 정의라는 것이 의미가 있는 것인가. 정의는 강자의 이익일 뿐이지 않은가. 플라톤의 『국가』 1권에는 '정의란 무엇인가'를 둘러싸고 소크라테스와 다른 인물들이 벌이는 대화가 나온다. 여기서 트라시마코스는 "권력을 가진 자들은 자기의 이익을 추구하기 때문에, '올바름'이란 더 강한 자의 이익일 뿐"이라고 말한다. 그러나 소크라테스는 "어떤 기술이나 통치도 그 시혜나 다스림을 받는 약자들에게도 이익이 되는 것이니, 강자의 이익일 수만은 없다"며 트라시마코스를 반박한다.[2]

두 사람의 논쟁은 소크라테스의 승리로 끝난 것으로 플라톤은 서술하고 있지만, 막상 그 이후 인간의 역사를 보면 현실은 그런 것만은 아니었다. 정의란 것이 결국은 강자의 이익을 위한 것 아닌가라는 트라시마코스의 질문은 역사 속에서 내내 계속되어 왔다. 플라톤은 지성을 갖춘 입법자가 만든 '최선의 법률'에 모든 사람이 복종할 때 이상적 법치가 이루어질 수 있다고 보았지만, 언제나 법을 만들고 해석하는 것은 강자의 몫이었기 때문이다.

우리가 살고 있는 사회를 돌아보더라도 법은 특별히 약자의 편이 아님을 알 수 있다. 해고가 무효라며 복직을 할 수 있게 해달라는 해고 노동자들의 애타는 호소에 대해, 법은 냉정한 대답을 내놓는다. 차가운 얼굴을 한 법 앞에서 힘없고 약한 사람들은 그대로 주저앉곤 한다. 법은 약자를 보호해주거나 그들의 눈물을 닦아주지 않았다. 법의 여신 디케의 왼손에 있는 저울의 추는 강자에게 기울어 있고, 그 오른손에 있는 칼은 약자를 향하고 있다. 이 사회의 약자들이 쫓겨나 마지막으로 찾아간 곳에서조차 그들을 내쳤기에 그들에게는 더 이상 갈 곳이 없다. 이렇듯 약자의 눈물을 닦아주지 않는 사회. 그 사회에는 저마다 다른 정의의 개념이 있겠지만, 약자들에게 정의란 강자의 이익일 뿐이다. 적어도 이 땅에서는 소크라테스가 틀렸고 트라시마코스가 맞았다.

박탈감이 낳는 정의의 결핍

그래서 강한 사람들은 옳게 살지 않아도 잘만 사는데, 약한 사람들은 아무리 옳게 살아도 잘 살기 힘들다는 절망이 굳어진다면 그 사회는 죽은 사회가 될 수밖에 없다. 정의란 무엇인가. 미국의 정치철학자 마이클 샌델Michael Sandel, 1953-은 『정의란 무엇인가』에서 "사회가 정의로운지 묻는 것은, 우리가 소중히 여기는 것들, 이를테면 소득과 부, 의무와 권리, 권력과 기회, 공적과 영광 등을 어떻게 분배하는지 묻는 것이다. 정의로운 사회는 이것들을 올바르게 분배한다"고 설명한다.

샌델은 플루트의 예를 든다. 이를테면 플루트를 분배한다고 해보자. 누가 최고의 플루트를 가져야 하는가? 아리스토텔레스는 "정의란 사람들에게 그들이 마땅히 받아야 할 것을 주는 것"이라고 했다. 재화의 공정한 분배는 그 재화의 목적이 무엇이냐에 따라 합당하게 이루어져야 한다. 플루트라는 재화의 목적은 좋은 연주를 하는 것이다. 따라서 아리스토텔레스라면 이렇게 대답할 것이다. 그 최고의 플루트는, 최고의 플루트 연주자가 가져야 한다고. 정의는 능력에 따라, 우수성에 따라 차별적으로 적용된다. 플루트 연주의 경우 능력이란 플루트 연주 실력이다. "만약 정의가 부, 타고난 신분, 외적 아름다움, 우연 같은 기준에 따라 차별 적용된다면 부당한 일"이라고 샌델은 지적한다.

그렇다면 내가 사는 사회는 어떠한가. 그 소중한 것들이 공정하게 나누어지고 있는가. 힘이 없다는 이유로 소중한 것을 누려볼 기회조차 박탈당하고 있지는 않은가. 우리 사회에서 '정의란 무엇인가'라는 질문이 인구에 회자되었던 것도, 결국은 정의롭지 못한 현실의 반영이었다.

정의는 상대적인 개념이다. 재화나 기회를 내가 얼마나 가졌느냐 이전에 그것이 공정하게 배분되고 있는가에 따라 그 사회의 정의 지수는 점수가 매겨진다. 정의에 대한 사람들의 만족도는 다른 사람들과 비교할 때 나의 처지가 어떤가에 의해 좌우된다. 그래서 로버트 케네디는 "물질적 빈곤을 없애려고 아무리 노력한들, 더 어려운 일은 따로 있다. 우리 모두를 괴롭히는 만족의 결핍에 맞서는 일이다"라고 말했다. 내가 재화나 기회를 비교적 많이 갖고 있다 해도, 나보다 나을 것 없는 사람들이 더 많이 갖고 있다면 나는 그것이 정의롭다고 생각하지 않을 것이다. 반대로 내가 가진 것이 부족하더라도, 다른 사람들도 마찬가지로 그러하다면 특별한 결핍을 느끼지 않고 견디려 할 것이다. 특별히 정의롭지 못한 상황으로 받아들이지 않을 것이기 때문이다.

결국 정의의 척도는 박탈감의 정도와 연결되어 있다. '다른 사람들은 안 그런데 왜 나만 이렇게 살아야 하는가'라는 생각은 박탈감을 낳고 이는 정의로움에 대한 결핍으로 이어진다. 그런데 오늘날 박탈감의 구조는 한층 공고해지고 있다. 단지 재산의 차이라는 경제적 박탈감을 넘어 전방위적인 박탈감이 생겨나고 있다. 식당, 문화 공간, 쇼핑시설, 헬스장 등 생활과 문화의 거의 모든 분야에서 상위 10퍼센트 층은 나머지 90퍼센트와는 분리된 세계에서 살아간다. 그들만의 공간은 중하위 90퍼센트가 감히 범접할 수 없는 영역이기도 하며, 그들의 접근을 원하지도 않는다. 같은 하늘 아래 전혀 다른 두 개의 세상이 구축된다. 단절이다.

과거에는 경제적 차이를 기준으로 계급이라는 것을 나누었다면, 이제는 경제를 넘어선 삶 전체에서의 차이와 분리가 세상을 나누고 있다. 두 개의 다른 세상이 눈앞에 존재하고, 그 안에서 누리는 삶의 차이가 영구한 것이라면 그 사회는 정의의 결핍을 호소할 수밖에 없게 된다.

손잡는 아름다운 연대의 힘

정의의 결핍을 느끼는 사람들이 살 수 있는 길은 무엇일까. 결코 만족할 수 없는 삶의 연속에서 인간은 무슨 힘으로 살아갈 수 있는 것일까. 인간이 어려움에 처했을 때 그것을 이겨내는 힘은 언제나 함께 손잡는 연대solidarity에서 나왔다. 고난에 맞서는 인간들의 아름다운 연대에 관한 얘기들은 많다.

보카치오의 『데카메론』 첫날 얘기는 페스트에 대한 기억으로부터 시작된다. "사람들은 환자를 피하고 환자에게서 달아났으며, 그리하면 자기만은 살 수 있다는 잔인한 생각을 하게 됐습니다. 그래서 병에 걸리면 버림받고, 돌보는 사람이 없어지는 형편이었습니다."[3] 필립 지글러의 『흑사병』도 그 무렵 사람들의 모습을 이렇게 전하고 있다. "귀족이나 성직자, 부유한 상인들은 시에서 피신했고, 남은 자들은 취향에 따라 술에 취하거나 간음하거나 지하실에 숨어들었다. 기다릴 미래가 없고 자신이 관여하는 모든 것이 사라질 위협에 처한 상황에서 중세인이 어떻게 책임감있게 행동하리라고 기대할 수 있겠는가?"[4]

역사를 돌아보면 전염병의 공포는 인간 사이의 유대를 파괴시키곤 했다. 부와 권력을 가진 사람들, 그리고 성직자들조차도 약하고 가난한 사람들을 놔두고 먼저 도시를 탈출하곤 했다. 독일에서는 유대인들이 우물에 페스트 독을 풀었다며 그들을 대학살했다. 전염병의 위협은 다른 사람의 죽음을 돌아볼 겨를을 허락하지 않았고, 심지어 내가 살기 위해 다른 사람을 희생시키도록 만들었다. 전염병의 공포 앞에서 인간들은 격리되고 단절된다. 페스트를 겪으며 자신이 사는 세계, 자신의 운명을 알 수 없음을 자각한 중세인들은 비관주의에 빠져들거나 삶을 포기하는 방탕의 늪으로 빠져들었다. 중세 유럽 인구의 3분의 1 이상을 희생시킨 페스트는 이렇게 공동체를 해체시키고 인간들을 파괴시켜 버렸다.

그러나 역설적이게도, 전염병과 싸우고 이겨내는 일은 인간들 사이의 연대 없이는 불가능하다. 주제 사라마구의 『눈먼 자들의 도시』가 감동적으로 그려내고 있는 것이 바로 전염병에 맞서는 인간들의 아름다운 연대이다.[5] 이 소설의 상황은 이름 없는 도시에서 느닷없이 눈이 머는 전염병이 도는데서 시작된다. 서로에게 감염되어 실명한 사람들은 당국에 의해 정신병원 시설 수용소에 감금된다. 수용소에는 실명한 사람들이 계속 들어오고 마침내 수백 명의 사람들이 그곳에서 집단적으로 고통스러운 격리 생활을 하게 된다. 모두가 눈이 멀었지만, 그곳에 안과의사 남편을 돌보기 위해 자기도 실명했다고 속이고 들어온 의사 부인만이 눈이 멀쩡하다.

소설은 수용소 안에서 가치와 윤리를 상실한 인간의 모습, 그 안에서 휘둘러지는 권력과 폭력의 허상들을 그려낸다. 수용소를 지키던 군인들은 자신들도 전염될까봐 사람들을 총으로 무자비하게 죽이고 폭력배들은 자신들의 성욕을 채우기 위해 식량을 얻으려면 여자를 데려오라고 한다. 복수에 나선 의사의 부인은 그 우두머리를 가위로 찔러 살해한다. 마침내 병동에는 불이 나고 눈먼 수용자들은 수용소를 벗어나서 거리로 나선다. 의사의 부인은 사람들을 인도하여 자신의 집으로 온다. 거기서 어느날 갑자기 사람들은 하나씩 시력을 되찾게 된다. 그 고통과 극한의 상황에서 유일하게 눈이 멀쩡했던 의사의 부인은 눈먼 다른 사람들을 도와주는 구원의 역할을 한다. 인간애와 연대를 표현하는 인물이다.

소설의 마지막, 함께 있던 사람들의 시력이 회복되고 났을 때 부인은 남편에게 말한다. "나는 우리가 눈이 멀었다가 다시 보게 된 것이라고 생각하지 않아요. 나는 우리가 처음부터 눈이 멀었고, 지금도 눈이 멀었다고 생각해요." 소설에서 눈을 먼 인간들의 모습은 단지 시력을 잃었다는 의미 이상의 것이었다. 부인은 "볼 수는 있지만 보지 않는 눈 먼 사람들"의 손을 이끌고 그들에게 다시 밝은 세상을 찾아준다.

카뮈의 『페스트』 또한 페스트에 맞선 인간들의 의지와 연대의 연대기이다. 오랑 시에 페스트가 확산되면서 외부와 차단된 도시에는 전염병이 기승을 부리면서 큰 혼란과 고통이 닥친다. 의사 리유, 그의 동지 타루, 기자 랑베르 등 목숨을 걸고 페스트와 싸운 사람들의 노력으로 시민들은 페스트로부터 해방을 맞게 된다. 인간애에 기초한 인간들의 아름다운 연대가 행복을 가져다 줌을 말해주는 소설이다.

사람들이 죽어가는 것을 지켜만 보고 있던 무능한 정부와는 달리, 의료인들은 자신의 목숨을 걸고 페스트와 싸운다. 소설의 마지막, 리유가 랑베르에게 말한다. "이 모든 일은 영웅주의와는 관계가 없습니다. 그것은 단지 성실성의 문제입니다. 아마 비웃음을 자아낼 만한 생각일지도 모르나, 페스트와 싸우는 유일한 방법은 성실성입니다." "성실성이 대체 뭐지요?"라고 랑베르가 묻자, 리유는 이렇게 말한다. "내 경우로 말하면, 그것은 자기가 맡은 직분을 완수하는 것이라고 알고 있습니다." 목숨을 걸고 페스트 퇴치의 선봉에 섰던 의사 리유는 자기의 직분에 대한 성실성을 그렇게 강조했다.

우리에게도 리유들은 있었다. 메르스 사태 앞에서 정부가 무능을 드러내고 있을 때, 우리의 참담해진 마음을 대신 위로해준 것은 중환자실에서 메르스과 싸우고 있는 어느 간호사가 보내온 편지였다. "어느 모임에선가 내 직업을 자랑스럽게 말하던 내 모습이 스쳐갑니다. 가겠습니다. 지금껏 그래왔듯 서 있는 제 자리를 지키겠습니다. 최선을 다해 메르스가 내 환자에게 다가오지 못하도록 맨 머리를 들

230

이밀고 싸우겠습니다." 인간이 가장 아름답게 보이는 순간이 있다면 바로 이런 때일 것이다. 고난 앞에서 발휘되는 아름다운 연대는 언제나 위대하다.

우리는 꼭 도덕적이어야 하는가

하지만 인간이 누구나, 언제나 그런 것은 아닐 게다. 꼭 그래야 하는가. 우리는 자기의 위험을 무릅쓰고 이타적 삶을 살아야 하는 것인가. 인간은 진심으로 이타적일 수 있는가.

플라톤의 『국가』 2권에는 인간의 자발적 도덕성을 의심하는 '기게스의 반지' 얘기가 나온다. 이 반지는 손가락에 끼면 자신의 모습을 보이지 않게 할 수 있는 신비한 힘을 갖고 있다. 리디아의 목동인 기게스는 어느 날 지진으로 갈라진 동굴 속으로 들어갔는데 그 안에 있던 거인의 시체에서 반지를 빼들고 나오게 된다. 그 반지를 끼고서 흠집 난 곳을 안으로 돌리면 자신의 모습은 보이지 않게 되고, 밖으로 돌리면 자신의 모습이 다시 나타난다는 사실을 기게스는 알게된다. 그래서 기게스는 나쁜 마음을 먹게 된다. 이 반지를 이용해서 왕비와 간통하고, 칸다우레스왕을 암살하여 왕위를 찬탈하고 스스로 리디아의 왕이 된다. 그래서 글라우콘은 소크라테스에게 이렇게 말한다. "그런 경우에 올바름 속에 머무르면서 남의 것을 멀리하고 그것에 손을 대지 않을 정도로 그처럼 철석같은 마음을 유지할 사람은 아무도 없을 것 같이 생각됩니다."

기게스 반지 이야기에는 두 가지 의미가 담겨있다. 하나는, 인간이 아무도 보지 않는 곳에 있어서 행동에 대한 책임을 지지 않아도 된다면, 다들 기게스처럼 나쁜 짓을 할 것이라는 의미이다. 흔히 정치인들이나 공무원들이 몰래 뇌물을 받는 경우가 그럴 것이다. 아무도 보지 않는 곳에서 주는 사람과 받는 사람 밖에는 모를 것이라는 판단 앞에서 양심은 무너지게 된다. 두 번째는, 자신을 다스리지 못하는 사람에게 기게스의 반지 같은 무서운 힘이 주어졌을 때 부, 명예, 권력을 얻기 위해 나쁜 행동을 하게 된다는 의미이다. 자신에게 주어진 권력을 갖고 폭력적인 통치를 했던 독재자들에게 해당되는 얘기이다.

우리는 과연 도덕적으로 살아야만 하는 것인가. 기게스처럼 책임을 지지 않아도 되는 상황이라면 굳이 도덕적일 필요는 없는 것 아닌가. 기게스 반지 이야기는 인간의 본성과도 관련된 여러 논쟁거리를 담고 있다. 인간의 도덕은 사회적 규범으로 요구받는 측면도 있지만, 인간 내면의 양심에 따른 자발적 성격 또한 갖고 있기 때문이다.

여기서 중요한 것은 과연 어떤 선택이 자신에게 삶에 대한 만족, 즉 행복을 줄 것인가 하는 점이다. 우리는 행복하려고 산다. 아리스토텔레스는 인간이 추구하는 궁극적인 목적은 행복이며, 행복을 위해서는 덕德이 있는 삶을 살아야 함을 강조했다. "우리는 집을 지어봐야 건축가가 되고 악기를 연주해봐야 악기 연주자가 된다. 이와 마찬가지로 정의로운 행위를 해야만 정의로운 사람이 되고, 절제 있는 행위를 해야만 절제 있는 사람이 되며, 용감한 행동을 해야만 용감한 사람이 된다"는 말이 그의 『니코마코스 윤리학』에 나온다. 선하고 도덕적인 삶은 반드시 다른 누구를 위해서 그러는 것이 아니다. 반대로 좋지 않고 도덕적이지 못한 삶을 산다면 자기 자신이 삶의 만족을 찾지 못하고 불행해지는 것이다.

하지만 반론이 있을 것이다. 현실을 보라. 어디 그러한가. 부와 권력의 탐욕에 사로잡혀 나쁜 짓을 한 사람들이 버젓이 잘 살고 있지 않은가. 그들은 부와 권력을 거머쥐고 아쉬운 것 없이 호령하며 즐기고 있지 않은가. 독립운동가들의 후손은 대대로 힘들게 살아야 했지만, 친일파의 후손들은 오히려 떵떵거리고 행세하며 잘 살아오지 않았던가. 도대체 누가 불행한 것이고, 누가 행복한 것인가. 어느 것이 진정한 행복인지는 자기 철학에 달린 문제이다.

인간은 자기 내면의 양심을 갖고 있다. 그러하기에 인간의 본성에 충실한 사람이라면 나쁜 짓을 하면 괴로워하고, 다른 사람의 고통을 외면하면 죄책감을 갖게 된다. 힘들더라도 도덕적인 삶을 살려는 사람들이 많은 이유는, 우리가 인간에게만 주어진 양심이라는 것을 갖고 있기 때문이다.

나와 무관한 것은 아무 것도 없다

인간이 이타주의적 능력을 가질 가능성은 생물학자 리처드 도킨스 Clinton Richard Dawkins, 1941- 에 의해서도 설명된다. 그는 자신의 대표작 『이기적 유전자』에서 '인간은 유전자의 로봇 운반자'라고 표현한다. 인간을 포함한 모든 생명체는 DNA 또는 유전자에 의해 창조된 '생존 기계'이며, 자기의 유전자를 후세에 남기려는 '이기적인' 행동을 수행하는 존재이다. 따라서 순수하고 사욕이 없는 이타주의라는 것은 자연계에는 안주할 여지도 없고 전 세계의 역사를 통틀어 존재한

예도 없다고 도킨스는 주장한다. 하지만 인간만은 이기적 유전자에 대한 반란을 일으킬 힘을 갖고 있다.

> 그러나 우리는 이타주의를 의식적으로 육성하고 가르칠 방법도 논할 수 있다. 우리는 유전자의 기계로 만들어졌고 밈*의 기계로서 자라났다. 그러나 우리에게는 우리의 창조자에게 대항할 힘이 있다. 이 지구에서는 우리 인간만이 유일하게 이기적인 자기 복제자의 폭정에 반역할 수 있다.[6]

우리가 비록 인간이 근본적으로 이기적인 존재라고 가정한다고 해도, 우리의 상상력을 통해 장래의 일을 내다보는 능력은 맹목적인 이기성으로 인한 최악의 상황에서 우리를 구해 줄 것이라는 것이다. 적어도 인간에게는 당장 눈앞의 이기적 이익보다 장기적인 이기적 이익을 따질 정도의 지적 능력은 있다고 도킨스는 설명한다.

인간은 사회라는 공동체 속에서 서로에 대한 책임의 윤리를 갖고 사는 존재이다. 그런데 이렇게 반문할지도 모른다. 자기 하나 살기도 힘든 세상에 고통받는 다른 사람들을 위해 연대할 이유가 반드시 있는 것인가. 각자의 삶은 자신이 책임지는 것이지, 다른 사람의 어려움이 나의 책임은 아니지 않나.

실제로 도덕적 개인주의자들은 자유주의 윤리에 입각하여 그 책임에 대해 소극적 자세를 취한다. 도덕적 개인주의자들이 강조하는 자

---

*도킨스는 인간의 특유한 문화 속에 모방의 단위가 될 수 있는 문화적 전달자가 존재한다고 보았다. 그리고 모방의 단위 개념 또는 문화 전달의 단위를 '밈'(Meme)이라고 정의했다. 밈의 관점에서 보면 인간은 밈을 퍼 나르고 전달하고 변형시키는 '밈 기계'이다

유란 내가 자발적으로 초래한 의무만을 떠맡는 것이다. 내가 선택하거나 약속한 합의의 결과가 아니라면 내가 책임질 이유가 없다. 내 책임은 내가 떠맡은 일에 한정된다.

도적적 개인주의자들의 이러한 생각에는 집단적인 책임의식이 들어갈 자리가 없다. 따라서 이들에게는 조상의 잘못을 떠맡아 대신 책임지는 행동을 해야 할 이유가 없다. 오늘의 독일인이 유대인 대학살을 한데 대한 책임을 질 이유도 없고, 오늘의 일본인이 군 위안부 문제에 대한 책임을 조상 대신에 질 이유도 없게 되는 것이다. 마찬가지로 오늘날 경쟁에서 낙오하며 비참한 삶을 사는 사람들이 있다 하더라도 그에 대해 책임을 의식하거나 질 이유가 없다. 나와 그들 사이에서는 경쟁에서 낙오되었을 때의 구조에 대한 어떠한 약속이나 합의도 없었기 때문이다. 낙오한 사람들의 어려운 생활은 그들의 책임이지 나는 아무런 관련이 없는 것이다.

하지만 우리에게는 동시대의 고통에 대한 공동의 책임이 존재한다. 이는 사회구성원으로서 책임의 윤리이다. 샌델은 "도덕적 책임은 합의라는 자유주의 윤리를 넘어선다"며 우리에게는 합의가 필요 없는 연대 의무, 소속의 의무가 있다고 강조한다. "우리는 자신의 선택과 상관없이 도덕적으로 한데 묶여있고, 우리를 도덕적 행위자로 만드는 서사에 연관되어 있는 사람이다"라는 것이다.

부모가 나를 키우면서 제 역할을 못해주었다고 해서, 내가 나중에 늙은 부모를 보살필 책임이 없어지는 것은 아니다. 부모의 노년기에 보살필 것에 대한 어떤 약속이 없었다 하더라도, 그것은 함께 살아온 가족으로서의 특별한 책임이다. 마찬가지로 사회구성원으로서 나는 동료 시민들의 행복한 삶을 위해 기여할 공동의 책임을 갖고

있다. 물론 그 바탕은 도덕적 힘이다. 도덕적 힘이 있을 때 비로소
나는 다른 사람들의 처지에 대해 부담을 느끼고 연대의 책임을 지려
할 것이다. 야스퍼스는 인간 상호 간에는 연대가 존재한다며 이렇게
말한다.

> 세계의 모든 불법과 불의에 대해. 특히 자신의 면전에서 또는 자신이 알
> 고 있는 가운데 발생한 범죄에 대한 인간 각자의 공동책임을 인정하는 근
> 거가 바로 이 연대이다.

우리는 공동체에 대한 의무를 갖고 있다. 샌델이 말했듯이 인격을
갖춘다는 것은 여러 부담을 인식하며 산다는 뜻이다. 나 하나만 생
각하고 산다면 때로는 편하고 쉬울지 모른다. 하지만 그것은 내 삶
의 의미를 스스로 이해하지 못하는 태도이다. 인간이라는 특별한 삶
의 기회를 얻어 사회라는 서사의 일부로 태어난 나라는 존재는 그에
합당한 여러 요구들을 받고 있다. 나를 넘어 더 넓은 세계의 지평에
눈을 뜨고 그 속에서 나의 존재를 생각하며 살아갈 때 비로소 내가
산다는 것의 의미를 발견할 수 있을 것이다. "인간적인 것 중에 나와
무관한 것은 아무 것도 없다"는 로마 작가 테렌티우스의 말은 그래
서 오늘에도 되새길 만하다.

데이비드 흄David Hume은 『인성론』에서 "내 손가락에 상처를 내기
보다 온 세계가 파멸되는 것을 선호한다고 해서 이성에 반하는 것은
아니다"라고 말했다. 내 손가락이 다칠지 모르는 순간, 나 이외의 세
계는 관심에서 사라지게 된다. 내 손가락을 다치지 않는 것보다 더
중요한 일은 없기 때문이다. 그러나 반대로, 내 손가락에 약간의 상

처가 나더라도 아픔을 참고 세계의 파멸을 막으려는 사람들이 많아진다면 우리는 무너져버린 많은 것들을 다시 세울 수 있을 것이다.

어느 대학생의 외로운 죽음

지난해 겨울, 나이 스물의 서울대생이 건물 옥상에서 몸을 던졌다. 그는 죽으면서 '제 유서를 퍼뜨려 주세요'라는 제목의 유서를 남겼다. 죽는다는 것이 생각하는 것만큼 비합리적인 일은 아니라고 밝힌 유서에는 이런 사연이 담겨있었다.

하지만 지금은 너무 힘이 듭니다. 동시에 부끄럽기까지 합니다. 제 자신과 세상에 대한 분노가 너무 큰 고통으로 다가옵니다. 이만 꺾일 때도 됐습니다. 무엇이 저를 이리 힘들게 했을까요. 제가 일생동안 추구했던 가치는 합리입니다. 저는 합리를 논리 연산의 결과라 생각합니다. 어느 행위가 합리적이라 판단하는 것은 여러 논리에서 합리적이라고 규정하는 것에 부합하기 때문입니다. 하지만 이 세상의 합리는 저의 합리와 너무나도 달랐습니다. 그렇다고 그걸 비합리라고 재단할 수 있는가 하면 또 아닙니다. 그것들도 엄밀히 논리의 소산입니다. 먼저 태어난 자, 가진 자, 힘 있는 자의 논리에 굴복하는 것이 이 사회의 합리입니다. 제 개인적으론 비합리라 여길 수 있어도 사회에서는 그 비합리가 모범답안입니다. 저와는 너무도 다른 이 세상에서 버티고 있을 이유가 없습니다.

이 학생이 내린 결론은 "생존을 결정하는 것은 전두엽 색깔이 아

닌 수저 색깔"이라는 것이었다. 스스로 죽음을 택하는 것은 사는 것
이 죽는 것보다 고통스러울 때 이루어지는 일이다. 그리고 사는 것
에서 더 이상 의미를 발견할 수 없을 때 스스로 죽음을 택한다.

우리는 이 대학생의 죽음을 어떻게 받아들일 것인가. 그가 자살한
이유는 논리적으로 틀리지 않다. "먼저 태어난 자, 가진 자, 힘 있는
자의 논리에 굴복하는 것이 이 사회의 합리"인 것이 사실이며, "사회
에서는 그 비합리가 모범답안"이라는 그의 항변도 부인할 수 없다.
하지만 그럼에도 불구하고, 비합리가 합리를 조롱하는 이 세상에서
도 변함없이 살아가는 수많은 사람들이 있다. 모두가 굴복해서는
아닐 것이다. 그래도 삶은 살아갈만한 가치가 있다는 생각들을 갖
고 있기에 가능한 일이다. 살아가는 길에는 하나의 풍경만 있는 것
은 아니다. 내 앞으로는 아득하고 험한 산길만 보인다 해도, 눈을 돌
려보면 길옆으로는 꽃도 피어있고 다람쥐들도 오가는 것을 볼 수 있
다. 길의 풍경은 하나만이 아니고, 내가 시선을 어디로 두느냐에 따
라 달라지는 것이다.

안타까웠던 것은 그 학생의 곁에 누군가가 있어서, 그래도 살아갈
수 있는 또 다른 의미를 말해줄 수 있었더라면 하는 아쉬움이었다.
이 학생도 자신을 위로해줬던 선배에 대한 고마움을 남겼다.

"힘들 때 전화해, 우리 가까이 살잖아." 이 한마디로 전 몇 개월을 버텼습
니다. 전화를 한 적은 없지만, 전화를 할 사람이 있다는 것, 그것도 이렇게
멋진 사람이 날 위로해줄 수 있다는 것이 정말 힘이 됐습니다. 누나 정말
고마워. 미안해. 결국 전화를 하지 못했네…

전화를 할 사람이 있다는 것, 그래서 말할 수 있는 사람이 있다는 것이 이토록 고마움을 안겨줄 때가 있다. 나는 지금 그 전화를 받아줄 사람으로 살고 있을까.

풀은 바람보다 먼저 웃는다

오늘 많은 사람들이 눈물을 흘리고 있다. 억울하고 설움받는 약자들의 눈물을 닦아줄 줄 모르는 사회는 이미 공동체로서의 기능이 정지된 사회이다. 좀처럼 나아지지 않는 현실 속에서, 힘이 약하다는 이유로 좌절해야 하는 상황 속에서 많은 사람들이 지쳐가고 있는 모습이다.

그러나 그것이 전부는 아닐 것이다. 동서고금의 역사를 돌아보면 힘없는 민초들, 그리고 그들의 편에 섰던 깨어 있는 지성들의 시련과 좌절은 언제나 계속되어 왔다. 그러나 그러면서도 민초들은 끈질긴 생명력을 보이며 살아남았고 다시 힘을 추슬러 일어났으며, 세상을 조금씩이라도 낫게 바꾸어 왔다. 시간이 걸리지만 가야 할 길을 놓치지 않고 걷다 보면 달라질 수 있는 것이 세상이기도 하다. 지금 당장은 암담해 보이지만 역사에 끝이란 존재하지 않는다. 긴 호흡으로 다시 숨을 들이마시며 나 자신을 추스르고, 옆에 서 있는 사람의 손을 더 굳게 잡을 때 우리는 머지않아 다시 앞으로 갈 수 있다. 일희일비하지 않는, 한결같고 끈질긴 삶의 태도가 절실한 세월이다.

김수영은 "바람보다 늦게 누워도/ 바람보다 먼저 일어나고/ 바람보다 늦게 울어도/ 바람보다 먼저 웃는다"(「풀」)며 민중의 강인한 생명력을 표현했다. 김수영의 걱정처럼 다시 날이 흐리면 풀이 누울 수도 있겠지만, 그래도 풀뿌리만 지켜진다면 풀은 머지않아 다시 일어날 것이다. 흐렸던 날이 가면 풀은 다시 바람보다 먼저 웃게 될 것이다. 우리의 삶은 우주로 보면 찰나처럼 짧지만, 나로 보면 무척 길다. 그 긴 시간 지치지 않고 힘을 잃지 않아야 잘 살 수 있다.

개인적 삶에서든 사회적 삶에서든 쉬운 삶은 없다. 세상도 하루아침에 바뀌는 것은 없다. 이 시대의 거대한 벽이 돌멩이 몇 개 맞아 해체되거나 재구성되는 일은 당분간 없을 것이다. 세상을 더 낫게 변화시키는 일은 원래 어려웠던 것이고 앞으로도 어려울 것이다. 그러나 어려워도 더 나은 삶과 세상에 대한 지치지 않는 노력이 계속되어야 하는 것은, 가능성 여부를 떠나 그 길에 인간으로서 우리의 자존감이 걸려있기 때문이다. 그 끝에 무엇이 있을 것인가에 상관없이, 자기의 힘을 키우고 신뢰하며 살아갈 때 삶의 지구력이라는 것이 가능해질 수 있다.

한번에 바뀌는 역사는 없다. 희망이 아니라 나 자신을 믿어야 지치지 않고 그 길에 서 있을 수 있다. 산 정상이 너무 높아 보인다면 아득한 그곳을 보며 오르지 말고, 한발 한발 내딛는 내 발을 보며 오르라. 가끔은 내려가고 싶은 충동을 견뎌내며 땀 흘려 오르다보면 어느덧 가고자 했던 그 곳에 서 있는 나를 보게 될 것이다.

에필로그

내가 만들어가는 나

　미국 연방 대법원은 2015년 6월 26일, 동성 결혼을 허용하는 역사적 판결을 내렸다. 동성 커플들의 희망은 법 앞에서의 평등한 존엄을 요구한 것으로, 헌법은 그 권리를 그들에게 보장해야 한다고 판결문은 선언했다. 이 판결은 인간이라면 누구나 평등하게 사랑할 권리가 있다는 판단이었다. 종교적 신념의 차이에 따라 동성 결혼에 반대하는 목소리도 여전히 있지만, 이미 세계 21개 국가에서 동성 결혼은 합법화된 상태이다.

　동성 결혼에 대한 오늘의 평가가 후일에는 어떤 평가로 이어질 것인지는 누구도 단정하기 어렵다. 동성 결혼에 대한 과거의 평가가 오늘 이렇게 뒤집어졌듯이 말이다. 여기서 우리가 생각해야 할 것은, 과거에는 옳다고 당연시 되던 것이 오늘에는 잘못으로 간주되고, 반대로 과거에 잘못이라고 손가락질 받던 것이 오늘에는 당연시 되는 일이 많다는 사실이다. 시대의 가치는 계속 변화한다.

통념은 시대를 넘지 못한다

미국에서 흑백 인종 간의 결혼으로 처벌받았던 러빙 부부 재판은 더 좋은 사례이다. 지난 1958년에 24세 백인 남성 리처드 러빙과 18세 흑인 여성 밀드레드 러빙은 워싱턴 D.C에서 결혼했다. 하지만 서로 다른 인종 간의 결혼을 금지한 주법에 따라 이들은 추방령을 선고받아야 했다. 하나님이 각 인종들을 각기 다른 대륙에 살게 한 것은 그들을 서로 섞이지 않도록 하기 위함이라는 것이 판결 이유였다. 지금 생각하면 정말 황당한 얘기로 들리지만, 그래서 이들 부부는 1967년에야 미국 연방법원의 위헌 판결에 따라 합법적인 결혼으로 인정받게 된다. 지금은 인종이 다르다고 해서 결혼을 금지하는 일이 어떻게 있을 수 있나 상상이 안 되지만, 불과 1950년대까지만 해도 미국에서 흑백 인종 간의 결혼은 금지와 처벌의 대상이었던 것이다.

중세 시대 지동설을 주장했다가 종교재판을 받았던 갈릴레이Galileo Galilei, 1564-1642의 경우도 시대에 따라 참과 거짓이 뒤바뀌었던 경우이다. 이미 코페르니쿠스는 20년 동안의 천체 관측을 통해 태양만이 1년간 크기가 거의 변하지 않는다는 사실을 알아냈다. 이를 바탕으로 태양계의 중심이 지구가 아니며, 지구를 비롯한 행성들이 태양 주변을 간단한 궤도로 돈다는 사실을 확신했다. 코페르니쿠스에게 우호적이었던 갈릴레이에게 교회는 코페르니쿠스 천문학을 옹호하지도, 가르치지도 말라고 명령했다. 그러나 갈릴레이는 교회의 경고를 가볍게 여기고 1632년 출간한 『두 가지 주요 세계관에 관한 대화』에서 코페르니쿠스적 주장에 확실하게 기우는 입장을 보인다.

지구가 만물의 중심이라는 명제는 고대로부터 이어져 온 것이었고 아리스토텔레스도 지지한 견해였다. 그런데 코페르니쿠스의 이론을 받아들인다는 것은 지구가 우주의 중심이 아님을 인정하는 것이고, 인간이 가장 중요한 존재임을 부인하는 것이 된다. 이는 신이 인간을 위해 우주를 창조한 것이 아닐지 모른다는 의심을 하는 것이다.

결국 교황 우르바노 8세는 이 책의 배포를 금지하고, 지동설을 지지하지 않겠다는 교회와의 약속을 어긴 갈릴레이를 종교재판소에 회부한다. 교회의 청문회 과정에서 갈릴레이는 자신의 잘못을 인정하고 반성하는 태도를 보이지만, 종교재판소는 갈릴레이의 견해를 이단으로 규정하고『대화』를 금서로 지정하며 그를 구금하도록 선고를 내린다.[1]

그러나 재판관들 앞에서 무릎을 꿇고 뉘우쳐야 했던 갈릴레이는 1979년에 교황청으로부터 명예를 되찾게 된다. 교황 요한 바오로 2세는 교황청 과학원에서 열린 아인슈타인 탄생 백주년 기념행사에서 "신학자, 과학자, 역사가들이 갈릴레이 사건을 철저히 검토하여 솔직히 그 과오를 인정하고, 아직도 많은 사람들이 이에 관해 품고 있는 오해를 불식함으로써 과학과 신앙, 교회와 일반 사회 간의 가치있는 조화를 이루기를 바란다"고 밝히며 교회의 잘못을 인정한다. 갈릴레이가 이단으로 선고받은지 346년 만에 이루어진 일이었다. 이렇듯 통념은 시대를 넘지 못한다.

내 생각은 다르다고 말할 용기

우리는 여러 역사적 사건들을 접하며 무엇이 옳고 그른가에 대해 인간의 인식이 갖는 한계를 생각하게 된다. 우리가 지금 옳다고 믿고 있는 것은 과연 불변의 진리인가, 그것은 의심하거나 회의할 여지가 없는 것인가. 돌아보면 인간은 자기가 살고 있는 시대 다음에 무엇이 올 것인가를 언제나 알지 못했다. 지금의 시대가 가고 다음의 시대가 도래해서야 비로소 지난 시대가 어떤 시대였던가를 인식하게 되고, 영속적인 시대는 없음을 알게 된다. 천년의 역사를 가진 중세조차도, 다음 시대를 열어갈 변화의 활력이라고는 영영 없을 것만 같았던 그 시대조차도 영원할 수는 없었다.

지금 우리가 살고 있는 이 시대 또한 마찬가지이다. 우리가 살고 있는 시대는 누구도 넘어설 수 없는 높은 벽처럼 인식된다. 이 시대 속에서 인간의 삶이 어떠하든 간에 이를 변화시키기에는 그 구조가 너무도 단단해져 있다. 이 시대를 넘어서야 한다는 사람들조차 그에 대한 대안을 갖고 있지 못하다. 이것이 아니라면 무엇이어야 하는지. 자본주의를 넘어서려 했던 사회주의는 역사적으로 실패했다. 더이상 그것은 대안이 될 수 없다. 그렇다면 무엇이어야 하는가에 대한 대안은 제시되지 못하고 있다. 하지만 그렇다고 해서 지금의 시대가 영속적인 것은 아닐 것이다. 모든 시대의 역사가 그러했듯이, 오늘의 시대를 지배하고 있는 가치는 어디까지나 오늘에 국한된다. 그래서 우리는 내가 살고 있는 시대에 대해 체념하고 단념할 것이 아니라, 인간의 더 나은 삶을 위해 어떤 대안이 가능할지 계속 생각하고 고민해야 할 일이다. 설혹 현시대의 가치와 충돌하더라도, 내 생각은 다름을 말할 수 있는 용기가 필요하다.

카프카의 단편 『법 앞에서』는 '법法'의 문 안으로 들어가려다가 문지기의 제지에 위축되어 그 앞에서 몇 년을 기다리다 죽어간 시골

244

사람의 얘기를 담고 있다. 법 앞에 한 문지기가 서 있다. 한 시골 사람이 와서 문지기에게 법 안으로 들여보내 달라고 청한다. 그러나 문지기는 그에게 지금은 입장을 허락할 수 없다고 말한다. 나중에는 들어갈 수 있느냐고 묻자, 가능한 일이기는 하지만 지금은 안 된다고 모호한 대답을 한다. 저지하면서도 유혹하는 이중성이다. 시골 사람은 들어가겠다고 나서지도 못하지만, 그렇다고 언젠가는 들어가게 될 거라는 희망을 포기하지도 못한다. 그래서 여러 해를 기다리다가 기력이 다해 죽음을 앞두고서야 문지기에게 물어본다. 여러 해 동안 나 이외에는 아무도 들여보내달라고 요구한 사람이 없으니 어찌된 일이냐고. 문지기는 임종이 다가온 시골 사람에게 이렇게 알려준다. "여기서는 당신 말고는 아무도 입장 허가를 받을 수 없었소. 이 입구는 오직 당신만을 위해 정해진 것이기 때문이지. 나는 이제 가서 문을 닫아야겠소."[2]

시골 사람이 진작 그 질문을 했거나, 아니면 적극적으로 나섰다면 법 안으로 들어갈 수 있었을 것이다. 그런데 문지기의 위세에 겁먹어 문 앞에서 망설이고 기다리기만 하다가 결국 들어가지 못한 채 죽게 된 것이다. 우리에게도 문지기들이 있다. 그 문지기는 권력일 수도 있고, 때로는 이 사회를 지배하는 가치일 수도 있으며, 그 가치의 이행을 나에게 요구하는 세상 사람들일 수도 있다. 하지만 나의 삶이 그 문지기들의 허락을 일일이 받아야 하는 것은 아니다. 나는 내 삶의 주인이다. 문지기들에게 나의 운명을 위탁할 것이 아니라, 내 스스로 책임지는 삶의 주체이다.

생각은 사람을, 사람은 세상을 바꾼다

나를 구원하는 것도, 내 삶의 자유를 실천하는 것도 결국은 나의 몫이다. 세상의 문지기들 앞에서 더 이상 갇혀있을 일이 아니다. 더 일찍 자신의 존재에 대한 질문을 던지고 선택을 했어야 했다. 앞에 나오는 시골 사람이 문지기의 위세에 눌려 기다리고만 있지 않고 문지기에게 입장하겠다고 했다면 어떻게 되었을까. 그 문은 오직 시골 사람을 위해 만들어진 것이었기에 당연히 들어갈 수 있었을 것이다.

그래서 나를 믿고 나의 길을 갈 일이다. 차라투스트라는 제자들 앞에서 이렇게 말했다.

> 제자들이여 이제 나 홀로 나의 길을 가련! 너희들도 이제 한 사람 한 사
> 람 제 갈 길을 가도록 하라! 내가 바라는 것이 바로 그것이니. 나 진정 너
> 희들에게 권하노니 나를 떠나라. 그리고 이 차라투스트라에 맞서 너희 자
> 신을 지켜라! 더 바람직한 일은 이 차라투스트라의 존재를 수치로 여기는
> 일이다! 그가 너희들을 속였을지도 모르지 않는가.[3]

자기가 제자들을 속였을지도 모르니 자신을 믿지 말고 각자의 길을 가라는 얘기이다. 어느 누구에게 의존하지 말고 스스로가 자기 삶의 주인이 되라는 주문이다. 중국 당나라 때 임제의현臨濟義玄선사의 유명한 '살불살조'殺佛殺祖 얘기도 있다.

> 법에 맞는 올바른 견해를 얻고자 한다면 다른 사람에게 미혹을 당하지 말
> 아야 한다. 안으로 향하건 밖으로 향하건 만나는 대로 바로 죽여라. 부처를

만나면 부처를 죽이고, 조사를 만나면 조사를 죽이고, 아라한을 만나면 아
라한을 죽이고, 부모를 만나면 부모를 죽이고, 친척권속을 만나면 친척권
속을 죽여라. 그래야 비로소 해탈하게 된다. 이렇게 되면 사물에 구속되지
않고 자유자재하게 될 것이다.

나를 속박하고 얽어매는 것들을 모두 부셔버리라는 뜻이다. 심지
어 종교적 권위로 만들어진 우상조차도 부셔버려야 진정한 해탈과
자유를 얻을 수 있다는 것이다. 스님의 입에서 부처를 죽이라는 말
이 나온 것이 놀랍지 않은가. 그 어떤 권위에도 갇히지 말고 우리를
구속하는 모든 속박으로부터 자유를 얻어야, 우리는 스스로 주인이
될 수 있고 참된 진리를 얻을 수 있다.
　물론 이 얘기들은 평범한 사람들의 얘기가 아니다. 누구나 다 사
유 혹은 도道의 경지에 오른 현인이 될 수 있는 것은 아니다. 아니,
현인이 되는 것이 우리 삶의 이상일 필요도 없다. 니체는 기본적으
로 일상을 사는 평범한 사람들을 위한 철학자가 되지 못한다. 그는
엘리트주의자이고 사람들이 감당하기 어려운 과도한 주문을 하곤
했다. '초인'Übermensch의 삶을 살 수 있는 것은 몇 사람 되지 못한다.
니체에게는 니체의 삶이 있었던 것이고, 나에게는 나의 삶이 있는
것이다. 그들의 의지를 기억하며 나에게 맞는 자유를 찾으려 노력하
면 되는 일이다.
　우리가 삶의 지혜를 얻기 위해 책을 읽거나 강의를 들으면서 공부
하는 이유는 깨우침을 얻기 위해서이다. 마음속에 울림이 생기면 사
람은 생각이 변화하게 된다. 생각의 변화는 다시 내 삶의 변화로 이
어질 때 의미를 갖는다. 머리만 큰 사람이 아니라 다리가 튼튼한 사

람이 되어 뚜벅뚜벅 걸을 수 있어야 건강한 삶을 살 수 있다. 그리고 그 변화는 내가 연결되어 있는 세계의 변화로 이어질 때 나의 변화는 비로소 완성된다. 생각이 사람을 바꾸고, 그 사람은 다시 세상을 바꾼다.

도스토예프스키의 『죄와 벌』 얘기는 이렇다. 청년 법학도 라스콜니코프는 전당포 노파와 그녀의 여동생을 살해한다. 그는 "나폴레옹이 되고 싶었고 그 때문에 사람을 죽였어"라고 살인의 이유를 말한다. 라스콜니코프에게는 자기가 죽인 것이 사람이 아니었다. "그저 이를 죽였을 뿐이야. 아무 쓸모도 없고 더럽고 해롭기만 한 이를."

자신을 나폴레옹과 같은 비범한 능력의 소유자로 생각했던 라스콜니코프는 자신에게는 모든 것, 심지어 살인조차도 허용된다고 믿었던 것이다. 그래서 그는 자수하는 순간까지도 죄를 뉘우치지 않았다. 그러나 자신이 옳다고 생각하면 무엇이든 허용된다고 믿었던 라스콜니코프의 오만은 감옥으로 면회 온 사랑하는 여인 소냐 앞에서 무너지고 만다. 소냐의 손을 꼭 잡았던 라스콜니코프는 처음으로 울면서 그녀의 무릎을 끌어안았다.

그들은 말을 하고 싶었지만 그럴 수가 없었다. 눈에는 눈물이 고였다. 둘 다 창백하고 여위었다. 하지만 병색이 완연한 이 창백한 얼굴에서 이미 새로워진 미래의 아침놀이, 새로운 삶을 향한 완전한 부활의 아침놀이 빛나고 있었다. 사랑이 그들을 부활시켰고, 한 사람의 마음이 다른 사람을 위해 무한한 생명의 원천이 되어주었다.[4]

도스토예프스키는 결국 사랑이 두 사람을 부활시켰다고 적는다.

"여기서 이미 새로운 이야기가, 한 인간이 점차 새로워지는 이야기이자 점차 다시 태어나는 이야기, 점차 하나의 세계에서 다른 세계로 옮겨가 여태껏 몰랐던 새로운 현실을 알아가는 이야기가 시작된다."

라스콜니코프는 소냐를 통해 이론 대신에 삶을 얻었다. 그의 미몽은 환멸로 바뀌어 고통스러웠지만, 좌절 속에서 다시 삶을 얻게 되었다. 그래서 그의 의식 속에는 이제 완전히 다른 새로운 것이 생겨났다.

우리도 이론 대신 삶을 얻고, 이제까지와 다른 새로운 것이 내 의식 속에 생겨날 수 있을까. 이제 나는 새롭게 변화되는 나를 만들어 갈 수 있을까. 사람이 가장 아름다운 순간이 있다면 이렇게 서로의 손을 잡고서 다시 태어나는 모습일 것이다. 우리는 생물로서는 단 한번 밖에 살 수 없지만, 잠들어 있던 자신을 일깨움으로써 이렇게 새로운 삶의 기회를 가질 수 있다. 나는 라스콜니코프가 될 수 있을까. 그리고 누군가에게 소냐가 되어줄 수 있을까.

이렇게 살아도
되는 걸까

주석

프롤로그 : 나는 내 생각의 주인인가

1) 폴 벤느, 『그리스인들은 신화를 믿었는가』, 김운비 옮김, 이학사, 2002, p.69

2) 단테 알리기에리, 『신곡: 지옥편』, 박상진 옮김, 민음사, 2015, p.70

3) 임마누엘 칸트, 「계몽이란 무엇인가에 대한 답변」, 『역사철학』, 이한구 편역, 서광사, 2009, p.13

4) 플라톤, 『소크라테스의 변명』, 강철웅 역, 이제이북스, 2014, p.83

5) 프리드리히 니체, 「안티크리스트」, 『니체전집 15』, 백승영 옮김, 책세상, 2002

6) 장 폴 사르트르, 『실존주의는휴머니즘이다』, 박정태 옮김, 이학사, 2008, p.33

7) 알베르 카뮈, 『반항하는 인간』, 김화영 옮김, 책세상, 2013, p.28

1장 이렇게 살아도 되는 걸까

1) 마르틴 하이데거, 『철학입문』, 이기상 · 김재철 옮김, 까치글방, 2006, p15

2) 프리드리히 니체, 「이 사람을 보라」, 『니체전집 15』, 백승영 옮김, 책세상, 2002, p.377

3) 프란츠 카프카, 「갤러리에서」, 이창복 편역, 『고통의 해석』, 김영사, 2015

4) 플라톤, 『국가 정체』, 박종현 옮김, 서광사, 2006

5) 폴 벤느, 『푸코 사유와 인간』, 이상길 옮김, 산책자, 2009, p.27

6) 사이먼 블랙번, 『철학을 낳은 위대한 질문』, 남경태 옮김, 휴먼사이언스, 2012, p.288

2장 우리는 왜 불안한가

1) 안희경, 『문명, 그 길을 묻다』, 이야기가 있는 집, 2015, p.61

2) 프란츠 카프카, 『변신』, 이재황 옮김, 문학동네, 2011

3) 알랭 드 보통, 『불안』, 정영목 옮김, 은행나무, 2012, p.68

4) A. 토크빌, 『미국의 민주주의Ⅱ』, 임효선 옮김, 한길사, 2002, p.705

5) 에리히 프롬, 『자유로부터의 도피』, 김석희 옮김, 휴머니스트, 2012

6) 표도르 도스토예프스키, 『카라마조프가의 형제들1』, 민음사, 2015, p.536

7) 키에르케고르, 『불안의 개념, 죽음에 이르는 병』, 강성위 옮김, 동서문화사, 2007, p.45

8) 사르트르, 『존재와 무』, 정소정 옮김, 동서문화사, 2009

9) 알랭 드 보통, 앞의 책, p.234

10) 에리히 프롬, 앞의 책, p.125

11) 장자, 『장자』, 김학주 옮김, 연암서가, 2010, p.62

12) 박찬국, 『하이데거 읽기』, 세창미디어, 2014, pp.45-56.
마르틴 하이데거, 『존재와 시간』, 전양범 옮김, 동서문화사, 2015, pp.235-243

13) L. N. 톨스토이, 『톨스토이 단편선 1』, 권희정 옮김, 인디북, 2005

14) 빈센트 반 고흐, 『반 고흐, 영혼의 편지』, 신성림 옮김, 예담, p.122

3장 잃어버린 나를 찾아서

1) 고갱은 1898년 2월에 몽프레에게 보낸 편지에서 자신의 이 작품을 크게 세 부분으로 나누어 자세히 설명하고 있다. "위쪽에 노란색으로 칠해진 양 구석을 보면 왼쪽에는 경구가 있고 오른쪽에는 내 서명이 있는데, 그것은 가장자리가 상한 채 황금 벽 위에 칠해진 벽화와 같습니다. 자줏빛 옷을 입은 두 사람이 서로 이야기하고, 원근법과 관계없이 일부러 크게 그린 여자는 웅크리고 앉아 허공에 팔을 들어올린 채 감히 자신들의 운명을 생각해보는 두 사람을 놀라워하며 바라보고 있지요. 가운데는 과일을 따는 여인이 있습니다. 아이 곁에는 두 마리 고양이가 있고요. 염소 한 마리. 신비롭고 속도감이 느껴지게 두 팔을 들어올린 우상의 모습은 저 너머를 가리키고 있는 것처럼 보입니다. 우상의 말에 귀를 기울이고 있는 여인. 그리고 자신의 예감과 전설의 끝을 체념한 채 받아들이고 있는 늙은 여인이 죽음 가까이에 있지요. 그 발치에는 도마뱀을 발로 누른 이상한 하얀 새가 헛된 말의 무용함을 보여주고 있고요. 모두 숲 아래 시냇가에서 일어난 일입니다. 멀리 바다와 이웃 섬의 산줄기들이 보입니다. 색조가 달라지기는 해도 풍경은 처음부터 끝까지 파랑과 초록이지요. 발가벗고 있는 사람들은 위에 보이는 대담한 오렌지색으로 인해 뚜렷하게 부각됩니다." 피오렐라 니코시아, 『고갱- 원시를 갈망한 파리의 부르주아』, 유치정 옮김, 마로니에북스, 2007, pp.103-104에서 재인용

2) 찰스 다윈, 『종의 기원』, 송철용 옮김, 동서문화사, 2009

3) 찰스 다윈, 『인간의 유래1,2』, 김관선 옮김, 한길사, 2006

4) 찰스 다윈, 앞의 책, pp.555-572

5) 스티븐 핑커, 『빈 서판: 인간은 본성을 타고나는가』, 김한영 옮김, 사이언스북스, 2004

6) 박문호, 『뇌 생각의 출현』, 휴머니스트, 2008

7) 에드워드 윌슨, 『지구의 정복자』, 이한음 옮김, 사이언스북스, 2013

8) 에드먼드 윌슨, 앞의 책, pp.352-353

9) 매트 리들리, 『본성과 양육』, 김한영 옮김, 김영사, 2010

10) 윌리엄 셰익스피어, 『햄릿』, 최종철 옮김, 민음사, 2015, 제2막 제2장 570-575행

11) 앞의 책, 제2막 제2장 588-592행

12) Jacques Derrida & Maurizio Ferraris, A Taste for the Secret, Polity, 2002, p.26. 데리다의 '답변하지 않을 권리'에 대한 내용은 진태원, 「개인-보편적이면서 독특한」, 담론 2011년 10월 통권 6호와 진태원, 「철학을 왜, 어떻게 공부할 것인가?」, 대안연구공동체 강의 노트 내용에 의한 것임.

13) 진태원, 「개인-보편적이면서 독특한」에서 재인용

14) 플라톤, 『향연』, 강철웅 옮김, 이제이북스, 2014, p.159

15) 미셸 푸코, 『주체의 해석학』, 심세광 옮김, 동문선, 2007, p.43

16) 심세광, '역자 서문', 앞의 책, p.25

4장 자존감, 삶의 마중물

1) 디오게네스 라에르티오스, 『그리스철학자 열전』, 전양범 옮김, 동서문화사, 2008, p.375

2) 플라톤, 『소크라테스의 변명』, 강철웅 옮김, 정암학당, 이제이북스, 2014

3) 플라톤, 『파이돈』, 전헌상 옮김, 이제이북스, 2013

4) 장 자크 루소, 『인간불평등 기원론』, 김중현 옮김, 2010, 웅진싱크빅, p.101

5) B. 스피노자, 『에티카』, 정리 58의 주석, 〈대안연구공동체 에티카 강독 수업〉 진태원 선생의 번역본

6) 에리히 프롬, 『인간의 마음』, 황문수 옮김, 문예출판사, p.118

7) 에리히 프롬, 앞의 책, p.117

8) 샌디 호치키스, 『나르시시즘의 심리학』, 이세진 옮김, 교양인, p.35

9) 에리히 프롬, 앞의 책,

10) 프리드리히 니체, 『차라투스트라는 이렇게 말했다』, 정동호 옮김, 책세상, 2013, p.318

11) 프리드리히 니체, 『이 사람을 보라』, 『니체전집 15』, 백승영 옮김, 책세상, 2002, p.373

12) G. Freud, '나르시시즘 서론', 『정신분석학의 근본개념』, 윤희기 옮김, 열린 책들, 2003, pp.39-85

13) 박노해, 『그러니 그대 사라지지 말아라』, 느린걸음, 2010

5장 사람은 무엇으로 사는가

1) 김현경, 『사람, 장소, 환대』, 문학과 지성, 2015, pp.211-212
2) 소포클레스, 『소포클레스 비극 전집』, 천병희 옮김, 숲, 2008
3) 앙드레 보나르, 『그리스인이야기 2』, 양영란 옮김, 책과함께, 2011, pp.35-36
4) 아리스토텔레스, 『니코마코스 윤리학』, 천병희 옮김, 숲, 2013, pp.161-162
5) 악셀 호네트, 『인정투쟁』, 문성훈·이현재 옮김, 사월의 책, 2011
6) 스테판 에셀, 『분노하라』, 임희근 옮김, 돌베개, 2011, p.22
7) 손병석, 『고대 희랍 로마의 분노론』, 바다출판사, 2013, p.473에서 재인용
8) 몽테뉴 『몽테뉴 수상록』, 손우성 옮김, 동서문화사, 2007, p.792
9) 아리스토텔레스, 앞의 책, pp.161-164
10) 빅토르 위고, 『레미제라블1』, 정기수 옮김, 민음사, 2012, pp.77-78
11) 막스 갈로, 『프랑스 대혁명 2』, 박상준 옮김, 민음사, 2013, p.128
12) 프리드리히 니체, 『선악의 저편』, 『니체전집 15』, 김정현 옮김, 책세상, 2014, p.125
13) 슈테판 츠바이크, 『다른 의견을 가질 권리』, 안인희 옮김, 바오출판사, 2009, p.199
14) 파커 J. 파머, 『비통한 자들을 위한 정치학』, 김찬호 옮김, 글항아리, p.55
15) 프리드리히 엥겔스, 『영국 노동계급의 상황』, 이재만 옮김, 라티오, 2014
16) 칼 마르크스, 『자본론 I (상), 김수행 옮김, 비봉출판사, 2001, p.327
17) 윤대선, 『레비나스의 타자철학』, 문예출판사, 2009, p.27

6장 고통에도 의미가 있는 걸까

1) 프리드리히 니체, 『비극의 탄생』, 『니체전집 2』, 백승영 옮김, 책세상, 2002, p.41
2) 오비디우스, 『변신이야기』, 천병희 옮김, 숲, 2011, p.152
3) 아르투어 쇼펜하우어, 『의지와 표상으로서의 세계』, 홍성광 옮김, 을유문화사, 2015
4) 요한 요하임 빙켈만, 『그리스 미술 모방론』, 민주식 옮김, 이론과 실천, 1995, pp.74-76
5) 고트홀트 에프라임 레싱, 『라오콘- 미술과 문학의 경계에 관하여』, 윤도중 옮김,
   나남, 2008, p.49
6) 아르투어 쇼펜하우어, 앞의 책, pp.372~373
7) 프리드리히 니체, 『니체 자서전-나의 여동생과 나』, 김성균 옮김, 까만양, 2013, p.47
8) 프리드리히 니체, 「이 사람을 보라」, 『니체전집 15』, 백승영 옮김, 책세상, 2002, p.332
9) 앞의 책, pp.326-327
10) 캐슬린 에릭슨, 『영혼의 순례자 반 고흐』, 안진이 옮김, 청림출판, p.240

11) 앞의 책, p.204에서 재인용

12) 스티븐 핑커, 『우리 본성의 선한 천사—인간은 폭력성과 어떻게 싸워 왔는가』 김명남 옮김, 사이언스북스, 2014

13) 미셸 푸코, 『성의 역사 1』, 이규현 옮김, 나남, 2004

14) 요한 하위징아, 『중세의 가을』, 이종인 옮김, 연암서가, 2012

15) 알베르 카뮈, 『시시포스 신화』, 오명민 옮김, 연암서가, 2014, pp.201-208, '시지프적 깨어남'에 대한 통찰은 대안연구공동체에서 장의준 선생의 〈죽음으로 읽는 서양 근현대철학사〉 강의로부터도 도움을 받았다.

16) 쇼펜하우어에 대한 정리는 그의 『의지와 표상으로서의 세계』를 정리하고, 김선희, 『쇼펜하우어&니체』, 김영사, 2011. 김진, 「쇼펜하우어의 의지형이상학과 동고(同苦)의 윤리」, 철학연구 제102집, 2007. 5 를 참고한 것임.

7장 부끄러움을 아는 인간

1) 플라톤, 『프로타고라스』, 천병희 옮김, 숲, 2014, p.237

2) B. 스피노자, 앞의 책, 제4부 정리 58의 주석

3) 사르트르, 『존재와 무』, 정소성 옮김, 동서문화사, 2009, pp.385-511

4) 김준태, 『아아 광주여, 영원한 청춘의 도시여』, 실천문학사, 1988

5) 프리모 레비, 『가라앉은 자와 구조된 자』, 이소영 옮김, 돌베개, 2014, pp.133-135

6) 정호승 엮음, 『이 시를 가슴에 품는다』, 랜덤하우스코리아, 2006

7) 칼 야스퍼스, 『죄의 문제』, 이재승 옮김, 앨피, p.146

8) 프리모 레비, 앞의 책, p.97

9) 브레히트, 『살아남은 자의 슬픔』, 김광규 옮김, 한마당, 1994

10) 알베르 카뮈, 『전락』, 이휘영 옮김, 문예출판사, 2015, p.38

11) 김수영, 「어느 날 고궁을 나오면서」, 『거대한 뿌리』, 민음사, 1974

12) 김광규, 「희미한 옛사랑의 그림자」, 『우리를 적시는 마지막 꿈』, 문학과지성사, 1979

13) 윤동주, 『하늘과 바람과 별과 시』, 파란책, 2016

14) 요한 볼프강 괴테, 『파우스트』, 이인웅 옮김, 문학동네, 2010

8장 죽음을 기억하는 삶

1) 윌리엄 셰익스피어, 앞의 책, 제3막 1장 56-64행
2) 디오게네스 라에르티오스, 앞의 책, p.716
3) 장자, 앞의 책, p.427
4) 최재천, 『개미제국의 발견』, 사이언스북스, 2011, p.130
5) 장 자크 루소, 『고독한 산책자의 몽상』, 진인혜 옮김, 책세상, 2013, pp.36-51
6) 조르주 미누아, 『자살의 역사』, 이세진 옮김, 그린비, 2014, pp.77-78
7) 디오게네스 라에르티오스, 앞의 책, p.354
8) 앞의 책, p.425
9) 게르트 미슐러, 『자살의 문화사』, 유혜자 옮김, 시공사, 2002, p.31
10) 앞의 책, pp.31-32
11) 조르주 미누아, 『자살의 역사: 자발적 죽음 앞의 서양 사회』, 이세진 옮김, 그린비, 2014
12) 알베르 카뮈, 『이방인』, 김화영 옮김, 민음사, 2015
13) 앞의 책, p.142
14) 빌헬름 슈미트, 『나이든다는 것과 늙어간다는 것』, 장영태 옮김, 책세상, 2014, p.140
15) 로베르트 슈페만, 『도덕과 윤리에 관한 철학적 사유』, 박찬구 외 옮김, 철학과 현실사, 2001, p.48

9장 손잡을 수 있는 용기

1) B. 스피노자, 앞의 책, 정리 47과 주석
2) 플라톤, 『플라톤의 국가 정체』, pp.82-102
3) 조반니 보카치오, 『데카메론』, 장지연 옮김, 서해문집, 2007
4) 필립 지글러, 『흑사병』, 한은경 옮김, 한길사, 2003
5) 주제 사라마구, 『눈먼 자들의 도시』, 정영목 옮김, 해냄, 2009
6) 리처드 도킨스, 『이기적 유전자』, 홍영남·이상임 옮김, 을유문화사, 2010, p.335

에필로그 : 내가 만들어가는 나

1) 마이클 화이트, 『갈릴레오』, 김명남 옮김, 사이언스북스, 2007, pp.285-322
2) 프란츠 카프카, 「법 앞에서」, 이창복 편역, 앞의 책
3) 프리드리히 니체, 『차라투스트라는 이렇게 말했다』, 정동호 옮김, 책세상, 2013, p.130
4) 표도르 도스토예프스키, 『죄와 벌2』, 김연경 옮김, 민음사